사무엘 러더포드의 교리문답

- 기독교 교리의 요체가 들어있는 교리문답 -

A Catechism containing The Sum of Christian Religion

다함
도서출판 다함 은

1. **다윗**과 아브라**함**의 자손
아브라함과 다윗의 자손으로, 하나님 구원의 언약 안에 있는 택함 받은 하나님 나라 백성을 뜻합니다.

2. 마음과 뜻과 힘을 **다하여** 하나님을 사랑하라
구약의 언약 백성 이스라엘에게 주신 명령(신 6:5)을 인용하여 예수님이 가르쳐 주신 새 계명
(마 22:37, 막 12:30, 눅 10:27)대로 마음과 뜻과 힘을 다해 하나님을 사랑하겠노라는 결단과 고백입니다.

사명선언문
1. 성경을 영원불변하고 정확무오한 하나님의 말씀으로 믿으며, 모든 것의 기준이 되는 유일한 진리로 인정하겠습니다.
2. 수천 년 주님의 교회의 역사 가운데 찬란하게 드러난 하나님의 한결같은 다스림과 빛나는 영광을 드러내겠습니다.
3. 교회에 유익이 되고 성도에 덕을 끼치기 위해, 거룩힌 진리를 사랑과 겸손에 담아 말하겠습니다.
4. 하나님 앞에서 부끄럽지 않도록 항상 정직하고 성실하겠습니다.

사무엘 러더포드의 교리문답
- 기독교 교리의 요체가 들어있는 교리문답 -

초판 1쇄 인쇄 2022년 09월 14일
초판 1쇄 발행 2022년 09월 23일

지은이 ┃ 사무엘 러더포드
옮긴이 ┃ 정성호

디자인 ┃ 장아연
펴낸이 ┃ 이웅석
펴낸곳 ┃ 도서출판 다함
등 록 ┃ 제2018-000005호
주 소 ┃ 경기도 군포시 산본로 323번길 20-33, 701-3호(산본동, 대원프라자빌딩)
전 화 ┃ 031-391-2137
팩 스 ┃ 050-7593-3175
블로그 ┃ https://blog.naver.com/dahambooks
이메일 ┃ dahambooks@gmail.com

ISBN 979-11-90584-57-9 (03230)

SAMUEL RUTHERFORD

사무엘 러더포드의

교리문답

A Catechism containing The Sum of Christian Religion

기독교 교리의 요체가 들어있는 교리문답

사무엘 러더포드 지음
정성호 옮김

다함
도서출판

목 차

[제2부] 행위에 관하여

사무엘 러더포드는 웨스트민스터 총회에서 신학적 주제뿐 아니라 교리문답 작성과 관련해 크게 기여한 인물입니다. 러더포드가 목사가 되고 스코틀랜드의 작은 마을 안워스(Anwoth)에서 9년 동안 사역했을 때, 그곳 신자들은 그에 대해 이렇게 회상했습니다. "러더포드 목사는 언제나 기도했고, 언제나 실교했고, 언제나 병든 자를 심방했고, 언제나 교리문답을 가르쳤고, 언제나 책을 썼고, 언제나 연구했습니다." 러더포드의 사역에서 교리문답을 가르치는 일이 매우 중요한 것이었음을 알게 해줍니다. 이 사실이 말해주듯이 러더포드의 교리문답에는 성경 진리를 신자들이 쉽게 이해할 수 있도록 하려는 그의 특별한 애정과 통찰이 담겨 있습니다.

종교개혁의 신앙 유산을 온전히 계승하고 있는 『사무엘 러더포드의 교리문답』은 신자들에게 성경이 가르치는 '믿어야 할 것과 행해야 할 것'을 명확히 제시합니다. 전체 563문답으로 구성된 긴 교리문답이지만 내용뿐 아니라 논리적 구성으로 볼 때 믿음의 진지한 관심을 가진 사람이면 누구든지 각 신앙 주제에 따른 성경 진리를 흥미롭게 배울 수 있습니다.

박상봉 교수(합동신학대학원대학교 역사신학)

02 추천사

격동의 세월을 보낸 사무엘 러더포드에게 위로와 힘이 되었던 것은 예수 그리스도를 통해 주어진 은혜언약이었습니다. 그의 신학은 철저하게 그리스도 중심적입니다. 이 교리문답에서도 그리스도의 인격과 사역, 특히 세 가지 직분을 설명하는 부분은 정말 아름답고 정교합니다. 또한 개혁파 언약신학의 발전에 중요한 기여를 한 사람답게 이 작품에서도 아주 정밀한 언약신학을 쉬운 언어로 표현합니다. 러더포드의 작품들은 단지 학문적 업적에 불과하지 않습니다. 오히려 자신의 인생을 지탱시켜 주었던 신앙을 체계적으로 진술한 결과라고 볼 수 있습니다.

여기 여러분들이 들고 있는 교리문답서도 마찬가지입니다. 교리문답을 읽으면서 이렇게 유쾌한 경험을 하기란 쉽지 않을 것입니다. 표현부터가 너무나도 생생합니다. 화가, 목수, 아이, 황소, 산파, 항해, 승마, 맑게 갠 날씨 등의 그림 언어들이 나옵니다. 이것은 그가 신앙을 추상적으로 이해하지 않고, 삶의 자리 속에서 살피고 붙잡았다는 증거입니다. 또한, 구약과 신약의 역사적 흐름을 설명하는 구속사적 접근도 돋보입니다. 교회론에 있어서는 직분이나 권징과 같이 매우 구체적이고 실제적인 내용도 다루고 있습니다. 구원에 대한 설명은 정말 백미라고 할 수 있습니다. "믿음은 그리스도의 의를 붙잡는 손이요, 그리스도를 우리에게로 끌어들이는 손입니다."라는 믿음의 정의는 탁견이 아닐 수 없습니다.

웨스트민스터 신앙고백서를 비롯한 개혁주의 신조에 익숙한 분들은 러더포드의 교리문답과 서로 비교하면서 더 큰 깨달음도 누릴 수 있을 것입니다. 우리는 이 책을 통해 탁월한 신학자의 친절한 안내로 믿음의 깊고 넓은 세계를 즐겁고 감동적으로 경험하게 됩니다. 참된 신앙의 고백을 가장 아름답게 진술한 이 책은 모든 신자의 필독서가 될 것입니다.

우병훈 교수 (고신대학교 신학과 교의학)

스코틀랜드 장로교회 목사이자 신학자인 사무엘 러더포드 (Samuel Rutherford, 1600-1661)는 국내에서 그의 주옥같은 편지로 먼저 알려지고 유명해졌습니다. 그의 언약신학들이나 성찬설교 등도 최근 번역 소개되었는데, 이는 신학계뿐 아니라 목회자들과 일반 신자들에게도 복된 소식입니다. 탁월하고 정치한 신학자로서의 탁월한 업적들도 중요하지만, 그 가슴속에 그리스도로 충만하여 잠꼬대 조차도 그리스도에 대해 했다는 그리스도 중심적 경건미도 21세기 한국 교회에는 모범이 될만 합니다.

이번에 출간되는 『사무엘 러더포드의 교리문답』은 총 563문답으로 이루어져 있는데, 매우 상세하고 세밀하게 구성이 되어 있습니다. 특히 신앙편과 행위 편으로 나누어 교의와 윤리가 균형을 맞추고 있습니다. 내용상 청교도 개혁주의의 정통적인 내용들로 채워져 있으나 때로 그의 독특한 면모들도 많이 보입니다. 특히 양심에 대한 상세한 논의가 그러하고, 단순히 교리적일 뿐 아니라 금식, 기도 등 실제적인 문제들에 대해서도 섬세하게 다루어줍니다. 뜨거운 목회열정을 가졌던 목회자답게 설명에 있어 평이하면서도 흥미롭게 서술해 주고 있어서 청교도 개혁주의 신앙과 삶의 방식에 대해 알고자 하는 모든 독자들에게 권독하는 바입니다.

이상웅 교수(총신대학교 신학대학원 조직신학)

본서는 Catechisms of the Second Reformation: With Historical Introduction and Biographical Notices(Alexander F. Mitchell 편저, London: James Nisbet & Co, 1886)의 161-242쪽에 있는 사무엘 러더포드의 요리문답 부분을 번역했습니다.

- 역자주 이외의 모든 각주는 A. F. Mitchell의 것입니다.
- 본문의 ( )는 원문에 있는 것이며, [ ]의 글은 번역자가 이해를 돕기 위해 첨가한 것입니다.

SAMUEL RUTHERFORD

제 1 부

믿음에 관하여

제1장 _ 하나님의 말씀에 관하여
Of The Word of God

[제1문] 영생에 이르는 길은 무엇입니까?

[답] '하나님'과 '하나님께서 보내신 분, 예수 그리스도'를 아는 것입니다(요 17:3).

[제2문] 이 지식은 어디에 있습니까?

[답] '믿음'과 '믿음의 열매인 선행'에 있습니다(딛 1:16; 딤전 1:5; 시 37:3).

[제3문] 우리는 믿음의 교리를 어디에서 배울 수 있습니까?

[답] 신구약의 책들 안에 있는 하나님의 지혜(고전 2:6)에서 배울 수 있는데, 신구약의 책들에는 우리로 하여금 구원에 이르는데 지혜롭게 하는 모든 것이 있습니다(딤후 3:[15], 16).[1]

[제4문] 그렇다면 이 하나님의 말씀은 '믿음'과 '생활양식' 의 유일한 완전한 준칙입니까?[2]

[답] 그렇습니다. 성경 말씀에 [무언가를] 더하거나 그 말씀에서 [무언가를] 빼는 사람들은 저주 아래 있을 정도로 성경 말씀은 그렇게 완전합니다(시 19:7; 딤후 3:16; 눅 16:29; 요 20:31; 고전 2:6; 계 22:19; 신 12:31; 잠 30:6).

[제5문] 누가 그 말씀을 해석해야 합니까?[3]

[답] 그 말씀은 명료하며, 눈이 있는 사람들에게 빛입니다(시 119:105; 벧후 1:19; 신 30:11). 그리고 구원에 필요한 사항에 관해서 성경 말씀은 자체적으로 해석합니다. 그러므로 하나님의 성령을 지닌 사람들이(고후 2:11; 시 25:9, 12; 요 7:12) 성경 말씀이라는 빛으로 그 말씀을 해석해야 합니다.[4]

[제6문] 우리는 어떤 이유로 성경 말씀이 하나님의 말씀이라고 믿어야 합니까?[5]

[답] 사람이나 교회가 성경 말씀이 하나님의 말씀이라고 말해서가 아니라, 거짓말을 하실 수 없는 하나님께서 성경 말씀이 하나님의 말씀이라고 말씀하시기 때문입니다(요 5:33-35; 마 16:17).

[제7문] 모든 사람에게는 성경 말씀을 읽을 기회가 있습니까?

[답] 배운 사람이나 배우지 못한 사람이나 모두[6](요 5:39) 성경을 연구해야 하고(골 4:16; 살전 5:21; 신 6:6-8), '영들'과 '선포된 말씀들'을 시험해야 하며, 그리하여 어림짐작으로 성경 말씀을 받아들여서는 안 됩니다(요일 4:1; 행 17:11).

■ ■ ■ ■ ▨ ▨

제2장 _ 하나님과 복되신 삼위일체에 관하여
Of The Godhead and The Blessed Trinity

[제8문] 하나님의 말씀의 으뜸가는 목적은 무엇입니까?

[답] 하나님 자신과 관련해서, 즉 하나님의 거룩한 본성과 관련해서 하나님은 어떤 분이신지, 그리고 우리를 향하신 사역들과 관련해서 하나님은 어떤 분이신지를 우리에게 가르치는 것입니다.

[제9문] 하나님은 본성적으로 어떤 분이십니까?

[답] [자신 안에] 생명이 있고 스스로 존재하시는 여호와 하나님, 그 모든 속성이 무한하시며 이해할 수 없으신 하나님, 본질에 있어서 하나이나(고전 8:6; 신 6:4, 32:39) 위격에 있어서는 성부, 성자, 성령 세 위격으로 계시는 (마 3:16-17; 고후 13:4; 요일 5:7) 하나님이십니다.

[제10문] 여기서 세 위격이 있다는 바로 이 사실에서 여러분은 무엇을 배우십니까?

[답] 우리의 구원은 확실하다는 것을 배웁니다. 왜냐하면 하늘에 계신 세 증인이[7] "우리의 생명은 그리스도의 손 안에 담보로 잡혀 있다."고 말씀하셨기 때문입니다(요일 5:11).

■ ■ ■ ■ ■

제3장 _ 하나님의 작정에 관하여
Of God's Decree

[제11문] 하나님의 피조물인 우리와 관련하여 하나님은 어떤 분이십니까?

[답] 하나님은 우리의 왕이시며 만유를 다스리시는 주권
　　주이십니다.

[제12문] 하나님의 왕적 권세는 어디에 있습니까?

[답] 하나님의 왕적 권세는 하나님의 자유로우시고 절대
　　적인 작정에 있는데, 그 작정에 따라서 자신의 지혜
　　로 하나님께서는 세상에 있는 모든 것을 정하셨고,
　　그 정하신 모든 것을 그 자신이 정하신 때에 실행하
　　십니다.

[제13문] 하나님의 작정의 속성은 무엇입니까?

[답] 하나님의 작정은 영원하며(엡 1:4, 3:11; 롬 11:34) 불
　　변하며(욥 33:13; 사 14:24; 시 33:10-11) 의롭습니다(롬
　　9:14).

[제14문] 그런데 하나님께서 모든 것을 불변하게 작정하
　　셨으면, 그때 우리에게는 우리가 행할 바를 행하
　　려고 하거나 행하지 않으려고 하는 자유의지가
　　없습니까?[8]

[답] 아닙니다. 자유의지의 모든 행동은 하나님의 마음

에서 불변하게 결정되어 정해져 있으며 이에 반하여 인간은 시간 안에서 자유롭게 행합니다(엡 3:10; 사 14:27; 행 27:20-31).

제4장 _ 예정에 관하여
Of Predestination

[제15문] 하나님께서 인류와 관련하여 하신 작정은 무엇입니까?

[답] 두 가지인데, 선택 작정과 유기 작정입니다.

[제16문] 하나님의 선택 작정은 무엇입니까?[9]

[답] 하나님의 선택 작정은 하나님께서 일부 사람들을 [하나님의] 영광을 위하여 따로 떼어 두며(엡 1:5, 6; 요 17:6), 더 나아가 하나님의 영광을 찬미하게 하기 위하여(엡 1:6) 그들을 그리스도 안에서 하나님의 자녀로 삼으시는 하나님의 자유로운 정하심입니다(엡 1:5; 살후 2:13).

[제17문] [하나님의] 유기 작정은 무엇입니까?

[답] 하나님의 유기 작정은 하나님께서 일부 사람들을 지나가기로 작정하고, 더 나아가 그들이 그들 자신의 마음의 강퍅함대로 행하도록 내버려 두기로(유 1:4; 벧전 2:8; 살전 5:8; 롬 9:22; 벧후 2:12) 작정하신 하나님의 자유로운 정하심입니다.

[제18문] 하나님을 움직여서 이런 차이를 두도록 한 것은 무엇입니까?

[답] 사람에게 있는 선도 아니고 악도 아니며(롬 9:11), 오직 하나님의 의지에 따른 선하신 기뻐하심 뿐입니다.

■ ■ ■ ▪ ▫

제5장 _ 창조에 관하여
Of Creation

[제19문] 하나님께서는 자신의 작정들을 어떻게 실행하십니까?

[답] 하나님께서는 세 가지 사역으로, 즉 창조, 세상을 통

치하심, 그리고 잃어버린 택자들을 구속하심으로 자신의 작정들을 실행하십니다.

[제20문] 누가 세상을 창조하셨습니까?

[답] 하나님께서는 '하나님의 아들 그리스도(골 1:16)와 성령(창 1:2)'과 더불어 창조하셨습니다.

[제21문] 하나님께서는 무엇을 가지고 만물을 만드셨습니까?

[답] 하나님께서는 만물을 무(無)에서 만드셨습니다(히 11:3).

[제22문] 바로 그 사실에서 우리는 무엇을 배웁니까?

[답] 고귀한 신분 때문에 뽐내는 사람들은 어리석은 사람들인데, 이는 우리가 태어나게 되는 고귀한 혈통과 전통 있는 집안은 아무것도 아니기 때문입니다.

[제23문] 하나님께서 만물을 만드신 목적은 무엇입니까?

[답] 하나님께서는 자기 자신의 영광을 위해서 만물을 만드셨습니다(잠 16:4[10]; 롬 11:36; 계 4:11).

■ ■ ■ ■ ■

제6장 _ 인간에 관하여
Of Man

[제24문] 하나님은 언제 인간을 만드셨습니까?

[답] 여섯째 날의 마지막에 만드셨습니다.

[제25문] 왜 그렇게 하셨습니까?

[답] 우리에게 우리가 필요한 모든 것을 얻기 위해서 "우리가 지음 받기 전에 우리를 위해 하늘과 땅에 처소를 마련하신 하나님"을 신뢰할 것을 가르치기 위해서입니다.

[제26문] [하나님께서는] 인간을 무엇으로 만드셨습니까?

[답] 하나님께서는 인간의 몸을 흙으로 만드셨는데, 이는 흙[인 인간]에게 "잘난 체하지 말라"고 가르치기 위해서입니다. 그리고 인간의 영혼은 하늘에 속한 것으로 만드셨는데, 이는 인간에게 "자신의 분깃을 얻기 위해서는 많은 간음한 영혼들이 그러는 것처럼 흙을 찾지 말고 하나님을 찾으라."고 가르치기 위해서입니다

(행 12:23; 시 39:5; 사 40:6).

[제27문] 영혼은 죽을 수 있습니까?[11]

[답] 아닙니다. 하지만 몸이 땅에 들어갈 때에 낙원으로
들려 올라가는 영혼도 있고, 지옥으로 던져질 영혼도
있습니다(눅 16:19-31; 계 6:9-10).

[제28문] [하나님께서는] 여자를 무엇으로 만드셨습니까?

[답] 하나님께서는 여자를 남자 옆구리의 갈빗대 하나로
만드셨는데, 이는 우리에게 "하나님께서 서로 도움
이 되는 사람으로 남자와 여자를 함께 굳게 결합시켰
다."는 것을 가르치기 위해서였습니다.

[제29문] 영혼은 죽을 수 없다는 이 사실에서 우리는 무슨
가르침을 받습니까?

[답] 영혼은 반드시 그 거처를 옮긴다는 것을 생각하면, 하
늘에 있는 영혼의 거처를 얻으려고 하는 것이 우리에
게는 지혜라는 것을 가르침 받습니다(눅 16:1-13).

[제30문] 위에서 말한 영혼의 본질적인 부분은 무엇입니까?

[답] 양심입니다.

[제31문] 양심이란 무엇입니까?

[답] 양심은 하나님의 지배를 받아 영혼을 심판하는 부분입니다. 이 양심은 [한편으로] 선을 가르치고 권하다가 우리가 선을 행할 때에는 우리를 위로하며(요일 3:20; 욥 16:19-20; 요 17:1), [다른 한편으로는] 악을 금지하다가 우리가 악을 범한 후에는 우리를 괴롭힙니다 (창 3:8, 4:13).

[제32문] 양심을 인도하는 빛은 무엇입니까?

[답] '인간의 마음에 심긴 자연법'과 '말씀의 빛'입니다. 이것들은 양심으로 하여금 행할 길을 보게 하기 위해 하나님께서 비춰주신 두 개의 불빛입니다.

[제33문] 양심 본연의 사역은 무엇입니까?

[답] 양심은 작은 하나님으로서 율법에 따라 활동하거나, 증인으로서 우리의 행위에 따라 활동하거나, 재판관으로서 율법을 우리의 행위에 적용합니다.

[제34문] 율법에 따른 양심의 사역은 무엇입니까?

[답] 양심이 율법을 알고 있는 한, 그 양심은 왕도 교회도 풀 수 없는 끈으로 우리를 '율법에 순종할 의무'에 붙들어 매며(롬 1:14[12], 6:16; 행 20:22; 고전 9:16), 더 나아가 우리에게 율법에 순종하라고 촉구합니다(렘 20:9).

[제35문] 빗나간 양심[13]에 대해서는 어떻게 생각합니까?

[답] 빗나간 양심은 이런 식으로, 즉 "빗나간 양심이라 하더라도 양심에 반하여 어떤 것이라도 행하는 사람은 죄를 범한다."고 [우리를] 속박합니다. 왜냐하면 양심은 하나님의 대리자이기 때문이며, 게다가 자기가 왕이라고 생각하는 어떤 개인을 때리는 사람은 왕을 때리는 사람으로 간주되기 때문입니다. 그러므로 빗나간 양심에 반하여 행하는 사람은 실제적으로는 아니지만 형식적으로 그리고 추론적으로 죄를 범하는데, 이는 그 사람이 [빗나간 양심에 반하여] 행하는 것은 선이지만 태도에 있어서 죄를 범하기 때문입니다.

[제36문] 우리의 소행(所行)을 증언하는 증인으로서 양심의 사역은 무엇입니까?

[답] 양심은 도둑의 발걸음 소리를 듣는 영혼의 경비견과 같으며, 손이 행하는 것을 보는 눈과 같습니다(시 50:22, 119:59; 학 1:5; 렘 5:24; 고후 13:5).

[제37문] 여기서 양심의 결점은 무엇입니까?

[답] 종종 양심은 '추정'(계 3:17)과 '하나님을 경외함이 없음'으로 말미암아 눈이 멀게 되고 무감각하게 된다는 것입니다(사 44:18, 전 4:8).

[제38문] 양심은 율법을 우리가 행한 일에 적용한다는 점에서 양심의 사역은 무엇입니까?

[답] 양심은 우리가 잘 행할 때 우리에게 무죄를 선고하고 우리를 좋다고 인정하는데(롬 2:15, 욥 16:19-20, 29:13-14, 31장; 시 7:4-5), 이것에서 영혼에 기쁨의 축제(잠 15:15; 고후 1:12)와 담대함(잠 10:9, 28:1)이 뒤따릅니다. 반면에 우리가 악을 행할 때에는 우리를 고소하여 정죄하는데(삼하 24:10; 마 27:3; 창 42:21-22), 이것에서 절망(히 10:27), 공포(창 3:10; 잠 18:1; 계 6:16), 수치(창 5:7; 롬 6:21), 슬픔(삼상 25:31; 행 2:37), 그리고 마음의 고통(사 66:24)이 뒤따릅니다.

[제39문] 재판관으로서 양심의 결점은 무엇입니까?

[답] 종종 양심은 사람들로 하여금 지옥으로 가는 길이 바른 길이라고 생각하게 하며(잠 21:2; 시 50:21; 습 11:5), 도둑이 다가오는 때에도 짖지 않는 벙어리 개가 된다는 것입니다.

[제40문] 양심이 그런 결점들을 가지게 된 원인은 무엇입니까?

[답] 하나님에 대한 무지이며(시 14:1), 아울러 '양심의 귀에 불쾌한 소리를 던져 주고 양심의 눈에는 안개를 던져주는 사탄'에게 과장된 칭찬을 잠깐 받고자 하여 보내진 '애정의 요란한 큰 외침'입니다.

[제41문] 양심의 종류는 몇 가지입니까?

[답] 많고 각양각색인데, 선하거나 악한 양심, 약하거나 강한 양심, 죽었거나 살아있는 양심 등이 있습니다.

[제42문] 양심 교리의 용도는 무엇입니까?

[답] 우리는 '우리가 천국에 이르기까지든 지옥에 이르기까지든 가지고 가는 양심'이란 재판관을 대동한다는

점과 우리는 옷을 입거나 벗을 때처럼 우리의 양심을 입거나 벗을 수 없다는 점을 생각하면, 우리는 우리의 양심 앞에서 죄를 범할까 그리고 우리 자신을 숭배할까 두려워해야 합니다.

■ ■ ■ ■ ■

제7장 _ 인간의 타락 전 상태에 관하여
Of Man's Estate Before His Fall

[제43문] 인간이 타락하기 전에 인간의 상태는 어떠했습니까?

[답] 인간의 몸은 병과 죽음에서 자유로웠고, 인간의 영혼은 의와 거룩함에서 하나님의 형상으로 옷 입었습니다(창 1:27; 전 7:29; 엡 4:24).

[제44문] 무언가 다른 것이 있었습니까?

[답] 인간은 '하늘을 주시할 수 있는 얼굴'을 가지고 지음 받았는데, 이는 인간에게 '주시하여 본 하늘'을 추구하도록 가르치기 위함이며, 얼굴은 하늘을 쳐다보지

만 그 영혼은 땅을 내려다보는 사람들을 정죄하기 위
함입니다.

[제45문] 온전한 사람의 완전한 상태는 무엇이었습니까?

[답] 온전한 사람은 창조주이자 세상의 주이신 하나님의
은총을 받아 하나님의 뜻을 행할 수 있었습니다.

■ ■ ■ ▪ ▫

제8장 _ 천사들에 관하여
Of The Angels

**[제46문] 인간 외에 하나님께서 창조하신 다른 탁월한 피
조물은 무엇입니까?**

[답] 천사입니다.

[제47문] 천사란 어떤 피조물입니까?

[답] 천사는 거룩하며 복되신 하나님께서 창조하신 지적
인 능력이 있는 영입니다.

[제48문] 천사의 부류는 몇 가지입니까?

[답] 두 부류인데, 곧 선하며 택함 받은 천사와 악하며 유기된 천사입니다.

[제49문] 선한 천사는 어떤 부류의 천사입니까?

[답] 선한 천사는 지혜(삼하 14:20), 능력(살전 1:7; 시 103:20; 왕하 19:39), 그리고 영광(눅 9:26; 행 6:15; 단 10:5-6)이 탁월하며, 지상으로 하나님의 보내심을 받지 않는 한 하나님의 얼굴을 보면서 하늘에 거합니다(마 18:10).

[제50문] 선한 천사의 직무는 무엇입니까?

[답] 선한 천사는 하나님의 호위병이거나 하나님의 메시지를 전한 사자이며, 유모와 교사로서 택함 받은 사람들을 섬깁니다.

[제51문] 악한 천사는 어떤 부류의 천사입니까?

[답] 악한 천사는 하나님의 지음 받은 영이지만, 죄를 짓고 하나님을 배반했습니다(유 1:6).

[제52문] 악한 천사의 현재 상태는 어떠합니까?

[답] 하나님께서는 사악한 사람들을 괴롭히고 경건한 사
    람들을 시험하기 위해 악한 천사들을 풀어놓는 경우
    를 제외하고는(욥 2:2; 벧전 5:8; 엡 6:12), 현재 자신의
    권세로 악한 천사들을 '큰 뜰에 갇힌 행악자들'로서
    쇠사슬로 결박하고 있습니다.

■ ■ ■ ■

제9장 _ 하나님의 섭리에 관하여
Of God's Providence

**[제53문] 하나님께서 자신의 작정을 실행하시는 둘째 사
    역은 무엇입니까?**

[답] 하나님께서는 자신의 작정을 '섭리', 곧 '세상의 통치'
    사역을 통해 실행하십니다.

**[제54문] 하나님의 섭리 [사역]에 속하는 특별한 역사는
    무엇입니까?**

[답] 세 가지 역사가 있는데, 그 첫째 역사는 하나님께
    서 자신의 팔로 모든 것을 보존하시는 것이며, 만일

그렇지 않으면 모든 것은 무로 돌아갈 것입니다(행 17:28; 골 1:17; 히 1:3; 시 104:29).

[제55문] 이 첫째 역사에서 여러분은 무엇을 배웁니까?

[답] 어머니가 자기 자녀를 안고 있는 동안에도 어머니 얼굴을 때리는 '발칙한 자녀'처럼 '자신을 친히 안고 있는 하나님께 죄를 범하는 사람'은 배은망덕한 사람이라는 것을 배웁니다.

[제56문] [섭리 사역에 속한] 둘째 역사는 무엇입니까?

[답] 자기 말에 박차를 가하는 기수와 같이, 또는 목수가 사용하지 않으면 '쪼갤 수 없는 도끼'나 '자를 수 없는 톱'을 사용하는 목수와 같이, 하나님께서는 '움직이는 모든 것'과 '움직이게 하는 모든 것'을 정하십니다(사 10:5, 15; 마 10:29; 욥 26:7, 38:5, 35, 39:5, 25, 40:9; 엡 1:11).

[제57문] 그렇다면 우연이나 운수(運數)로 일어나는 것은 아무 것도 없습니까?[14]

[답] 그렇습니다. 하나님의 의논과 뜻과 권능에 의하지 않고서는 우리 머리에서 머리카락 하나 빠지지 않으며

(마 10:29), 참새 한 마리도 땅에 떨어지지 않습니다(눅 12:6). 좋은 일과 나쁜 일, 총애와 증오(암 3:6; 애 3:37-38; 사 45:7; 신 32:42; 겔 14:20; 삿 2:14; 행 4:28; 계 17:17), 그리고 그 밖의 모든 것이 하나님에게서 기인합니다.

[제58문] 그런데 "하나님께서는 모든 것이 움직일 때 그 모든 것에 동반하면서 그 모든 것을 움직이게 하시지만, 최초에는 그 모든 것이 움직이려고 애쓴다."고 말하는 것만으로는 충분하지 않습니까?[15]

[답] 예, 그것만으로는 충분하지 않습니다. 왜냐하면 하나님께서는 모든 피조물을 움직이시며, 그들의 자유 의지도 또한 움직이셔서 그들의 모든 일을 행하게 하시기 때문입니다(잠 16:7, 21:1, 29:26; 출 3:21-22; 삿 9:2-3; 사 29:14). 달리 말하면, 만일 하나님께서 우리 의지가 일하기 시작하는 것을 허용하시고 그 다음엔 [주인이] 일할 때에만 [주인의] 의지를 실행에 옮기는 하인처럼 [우리의 의지에] 응했으면, 하나님에게 "사람들의 마음을 움직여서 우리를 사랑하게 하고 우리에게 호의를 보이게 해주시며, 우리의 의지를 굴복시켜서 하나님의 이름을 두려워하게 해주시기를" 기도하는

모든 기도는 헛된 일이었기 때문입니다.

[제59문] 이런 사실에서 우리는 무엇을 배웁니까?

[답] 우리에게 선을 행하거나 악을 행하는 사람들은 단지
하나님 수중에 있는 지팡이에 불과하다는 것인데, 이
것은 우리에게 "하나님께서 우리의 의지에 올라타서
서 선을 향해 우리의 의지를 급히 몰 수 있도록 우리
의 의지를 그만두고서 하나님의 다스림을 받아야 한
다."는 것을 가르쳐 줍니다.

[제60문] 섭리 [사역]에 속한 셋째 역사는 무엇입니까?[16]

[답] 하나님께서는 자신의 영원한 지혜와 권능으로 모든
것을, 심지어 죄조차도 자기 자신의 영광을 향하여
나아가도록 이끄십니다(창 50:20).

[제61문] 피조물들은 자진하여 하나님의 영광을 위하여
행동할 수는 없습니까?

[답] 예, 없습니다. 배가 조타수 없이 사용하기 좋은 항구
로 항해할 수 없거나 군대가 지휘관 없이 질서를 유
지할 수 없는 것 이상으로, 피조물들은 [하나님의 이

끄시는 역사 없이는] 자진하여 하나님의 영광을 위해 선을 행할 수 없습니다.

[제62문] 하나님께서는 죄에 무언가 관련이 있습니까?[17]

[답] 하나님께서는 인간들이 죄를 범하는 대로 내버려 두시며, 더 나아가 죄를 벌하시며 죄를 자기 자신의 영광으로 향하게 하십니다. 그렇지만 하나님은 죄를 허락하거나 사랑하지도 않고 명령하지도 않으십니다.

[제63문] 하지만 하나님께서 사람들의 마음을 강퍅하게 하실 때 죄의 원인자가 아닙니까?

[답] 전혀 아닙니다. 왜냐하면 하나님께서는 세상의 통치자와 심판자로서 사람들이 그들 자신의 마음을 강퍅하게 하도록 내버려두시며, 그리하여 어떤 죄도 달라붙어 있지 않는 분으로서 죄를 죄로 벌하시기(시 81:11-12; 롬 1:24; 살후 2:11-12) 때문입니다.

[제64문] 하나님께서 사람들의 마음을 강퍅하게 하실 때 그들을 방관하셔서 그들이 그들 자신의 마음을 강퍅하게 하거나 강퍅하지 않게 내버려두시는

것 외에도 무언가를 행하십니까?

[답] 예, 하나님께서는 방관하기만 하시지 않고, 통치자와 심판자로서 자신의 섭리를 실현하시고 진행하십니다.

[제65문] 그 때에 만일 하나님께서 죄와 관련하여 역사하시면, 어떻게 하나님은 죄에서 자유로우실 수 있습니까?

[답] 주님은 뱀을 만져도 상처를 입지 않을 능력이 있습니다. 그리고 훌륭한 화가가 그림의 흰 부분을 더욱 아름답게 보이게 하기 위하여 그 그림에 검은 선을 긋는 것처럼, 과학자가 독초에서 좋은 기름을 추출하는 것처럼, 음악가가 제대로 조율되지 않은 하프를 연주하여 유쾌한 소리를 내는 것처럼, 하나님께서는 사람들의 마음을 강퍅하게 하실 때조차도 심판주의 직책을 공의롭고 거룩하게 행하십니다.

[제66문] 그런데 모든 것을 다스리는 섭리가 있다고 하면 왜 이생에서 사악한 사람들은 행복하고 부유한 반면 경건한 사람들은 곤경에 처해 있는 것입니까?

[답] 사악한 사람들은 행복하지 않습니다. 왜냐하면 하

나님께서는 그들을 벽에 단단히 박혀 있지 않는 보석 위에 서 있게 하는데 그 보석이 벽에서 빠져 떨어질 때 그들도 떨어질 수밖에 없으므로 그들의 행복은 곧장 사라져버리는 꿈에 불과하지만(시 73:18-20), 곤경 가운데 있는 경건한 사람들은 하나님의 사랑을 받고 자녀로서 양육을 받으며 마침내 기업을 향유하기 때문입니다. 황소는 도살하는 날에 대비하여 비육(肥育)되고 있는데, 이것도 또한 황소에게는 행복이 아닙니다.

■ ■ ■ ■ ▪ ▪

제10장 _ 인간의 타락
The Fall Of Man

[제67문] 하나님의 섭리를 알 수 있는 가장 특별한 역사는 무엇입니까?

[답] 그 역사에서 하나님께서는 아담이 죄를 범하게 내버려 두셨으며, 더 나아가 그렇게 함으로써 죄인들을 구원하기 위해 그리스도를 세상에 보낼 계기를 가지

셨습니다.

[제68문] 죄란 무엇입니까?

[답] 하나님의 율법을 위반하는 것입니다(요일 3:4).

[제69문] 죄가 저질러진 후에 그 죄가 이어서 남겨 놓은 악은 몇 가지입니까?

[답] 네 가지인데, 1. 하나님을 괴롭게 하는 것으로 불리는
(사 1:24[18], 43:24; 겔 6:9; 암 2:13[19]) '하나님께 대한 범죄'(삼
하 11:27; 신 29:19-20; 삿 2:13-14), 2. 영혼의 흠과 불결함
(마 15:11-12), 3. 죄책, 그리고 4. 죄의 형벌입니다.

[제70문] 죄책이란 무엇입니까?

[답] 죄책이란 '죄에 대한 빚 곧 법적 책임'인데, 그것 때문
에 죄인들은 소송절차에 의거하여 판사의 법정 명부
에 올라 있는 행악자처럼, 그리고 많은 돈을 빌린 후
에 그 이름이 채무증서에 있는 파산자처럼 하나님의
공의 아래 놓여 형벌에 처해집니다(창 4:5; 욥 10:8; 고
전 15:17; 욥 20:11).

[제71문] 바로 위에 있는 대답에서 우리는 무엇을 배워야 합니까?

[답] 우리는 빚을 조금밖에 지지 않았지만 이내 그 빚을 갚는 지혜로운 채무자와 같이 되어야 합니다(마 5:25).

[제72문] 누가 최초로 죄를 범했습니까?

[답] 마귀인데, 마귀는 하와를 유혹하여 금지된 나무의 실과를 먹도록 했으며, 하와는 자기 남편 아담을 유혹했습니다.

[제73문] 하나님은 그러한 죄의 무언가의 원인이셨습니까?

[답] 아닙니다. 하나님께서는 인간이 하나님에게 순종할 마음만 있었으면 하나님에게 순종할 수 있는 그런 피조물로 인간을 만드셨습니다.

[제74문] 사탄은 우리에게 우리의 의지에 반하여 죄를 짓도록 강요할 수 있습니까?

[답] 아닙니다. 사탄은 우리를 유혹하면서 문 밖에서 문을 두드리지만, 우리의 의지와 욕망이 그 문을 열어줍니다. 사탄은 출산을 촉진하는 산파이며, 반면에 우리

의 의지와 욕망은 우리의 모든 죄의 아버지이자 어머니입니다.

■ ■ ■ ■ ■ ▪

제11장 _ 원죄와 자범죄에 관하여
Of Sin Original and Actual

[제75문] 우리는 아담의 죄와 어떠한 관계가 있습니까?

[답] [첫째 언약인 행위] 언약은 아담과 맺어졌으며 그와 동시에 '아담의 허리 안에 있는 우리 모든 사람'과 맺어졌기 때문에, 그 결과 우리는 아담의 죄책이 있으며, 바로 그 원인 때문에 하나님의 형상을 박탈당하고, 모든 악에 기울어지게 되고, 어떤 선도 행할 수 없습니다(시 51:5; 욥 14:4; 요 3:6).

[제76문] 우리 본성에 속하는 이런 죄의 열매는 무엇입니까?

[답] 우리는 우리에게 일어나는 모든 악 때문에 이생에서 하나님의 진노 아래 있으며, 내세에서는 '영원한 저주'와 '지옥의 불'이 있습니다.

[제77문] 우리가 이생에서 일으키는 가장 큰 악은 무엇입니까?

[답] 가장 큰 악은 우리가 매일 하나님에게 죄를 범하는 것입니다.

[제78문] 우리는 죄를 범하지 않고 살 수 있습니까?[20]

[답] 아닙니다. 왜냐하면 '우리의 현세욕'이 하나님의 율법을 받아들이지 않고 이에 반항하는 것으로 보아 우리의 의지가 동의하기 전에 이미 '우리 마음의 성향'인 '우리의 현세욕'은 죄이기 때문입니다(롬 7:5). 즉, 그것은 하나님의 율법을 받아들이지 않고 이에 반항하기 때문입니다.

[제79문] 그런데 중생한 사람들은 그리스도의 피로 그들의 죄가 씻기었기 때문에(계 1:6[21]; 벧전 1:18[22]) 그들에게서는 이런 현세욕을 볼 수 없습니까?

[답] 하나님께서는 [죄인] 현세욕을 그리스도 안에서 속죄하신 것으로 간주하시기 때문에 '죄책'과 '정죄하는 권세'라는 점에서 현세욕은 완전히 제거되었지만(롬 8:1), 얼룩과 뿌리라는 점에서 현세욕은 이생에서 여

전히 남아 있습니다.

[제80문] 어떻게 그런 일이 있을 수 있습니까?

[답] 쇠사슬에 묶인 사자는 사자의 본성을 지니고 있지만
그때의 사자는 욕심껏 마구 먹을 수 없습니다. 현세
욕이 중생한 사람들에게 있는 죄이지만 그 현세욕이
그들을 정죄할 수 없는데, 이는 그리스도께서 우리의
모든 죄 때문에 심판을 받아 정죄되었기 때문입니다.

[제81문] 우리는 주로 어떠한 죄를 부단히 경계하고 있어야 합니까?

[답] '위풍당당하게 군림하는 죄'와 '성령을 대적하는 죄'입니다.

[제82문] [사람들에게] '군림하는 죄'가 있다는 표는 무엇입니까?

[답] 사람들이 자신의 정욕과 싸우지 않고(롬 7:13[23]) 기쁨
과 탐욕으로 정욕에 복종하면(잠 2:14), 그리고 하나님
에 대한 사랑보다 오히려 죄에 대한 사랑으로 이끌림
을 받으면(빌 3:19), [그 사람들에게는 군림하는 죄가

있습니다.]

[제83문] '성령을 대적하는 죄'란 무엇입니까?

[답] '성령을 대적하는 죄'란 은혜의 성령[이 역사하고 있음]에도 불구하고 성령님께서 양심에 조명한 진리에 대항하여 악의적이고 고의적으로 죄를 범하는 것입니다(히 10:26[24], 요[25] 5:16).

[제84문] 이런 죄에는 어떠한 심판이 있습니까?

[답] 그것은 '상실한 마음', 곧 '회개할 수 없고 따라서 절대로 용서받지 못하는 마음'으로 괴로워하는 것입니다 (마 12:32; 막 3:29).

■ ■ ■ ■ ▪ ⬝

제12장 _ 자유 의지에 관하여
Of Free Will

[제85문] 우리에게는 본성에 의해서 하나님을 알고 사랑할 수 있는 무슨 능력이 있습니까?

[답] 우리의 지성과 양심은 눈이 멀어 있는데, 이는 우리가
　　하나님의 것들을 어리석은 것으로 판단하기 때문입
　　니다(고전 2:11; 마 16:23). 그리고 우리의 의지와 애정
　　은 성부 하나님께서 우리를 이끄시지 않으면 그리스
　　도에게 갈 수 없을 정도로 부패해 있기 때문입니다(요
　　6:44; 아 1:2).

[제86문] 우리는 하나님 앞에서 참으로 선한 일을 우리 본
　　　성의 능력으로 행할 수 있습니까?

[답] 아닙니다. 우리 자신은 어떤 선한 생각을 생각조차
　　할 수 없습니다(고후 3:5; 요 15:5; 마 7:17-18).

[제87문] 바로 위에 있는 대답에서 여러분은 무엇을 배웁
　　　니까?

[답] 사람들이 인식하는 우리의 정직은 우리를 구원할 수
　　없는데, 이는 우리가 거듭나지 않고서는 하나님 나라
　　에 들어갈 수 없기 때문입니다(요 3:3).

[제88문] 그럼 인간은 본성적으로 하나님에 대한 지식이
　　　전혀 없습니까?

[답] 인간은 어떤 신이 계시다는 것과 [그 신이] 죄를 금하고
　　있다는 것을 알고 있습니다. 하지만 이런 지식은 우리
　　를 그리스도에게 이끌기에는 약하고 불충분합니다.

[제89문] 인간은 본성적으로 하나님을 사랑하지 않습니까?[26]

[답] 어떤 사람이 여행할 때에 말(馬)이 자기에게 도움이
　　되기 때문에 자기 말을 사랑하는 것처럼 인간은 본성
　　적으로 하나님을 사랑합니다. 하지만 인간은 순수하
　　고 진실하게 하나님을 사랑할 수 없고, 하나님을 자
　　신의 유일한 행복으로 의지할 수 없으며, 어떤 사람
　　이 자기 친구를 사랑하듯이 하나님을 사랑할 수도 없
　　습니다.

[제90문] 모든 사람은 누구에게나 다 주어진 은혜를, 즉
**　　　　(그들이 자신의 본분을 다하려고 했으면) 그리스**
**　　　　도 안에서 하나님에게 돌아오는 회심의 상태로**
**　　　　나아갈 수 있는 은혜를 가지고 있지 않습니까?[27]**

[답] 진정, 아닙니다. 왜냐하면 만일 모든 사람이 그런 은
　　혜를 받았으면 성경은 "우리는 죄로 인해 죽은 사람
　　이며, 게다가 어떤 사람들은 회개할 수 없다."고 말할

수 없었기 때문입니다.

[제91문] 하나님을 움직여 어떤 나라들에게 복음을 전하고 다른 나라들에게는 복음을 전하지 않게 한 것은 무엇입니까?[28]

[답] 오직 하나님의 선하신 기뻐하심이며 그밖에 다른 원인은 전혀 없습니다.

[제92문] 그렇다면 '그리스도 안에 있지 않은 사람들'의 행위들은 죄악된 것입니까?

[답] 그렇습니다. 하나님께서는 그들의 행위를 악한 열매로 간주하시는데, 이는 그 나무가 악하기 때문이며, 믿음으로 행해지지 않는 것은 무엇이든지 죄이기 때문입니다(롬 14:23; 히 11:6; 요 15:5).

제13장 _ 새 언약과 옛 언약에 관하여
Of The Covenant, New abd Old

[제93문] 하나님께서 자신의 작정을 실행하시는 셋째 사역은 무엇입니까?

[답] 하나님께서는 자신의 작정을 구속 사역을 통해 실행하십니다.

[제94문] 구속 사역을 실행하는 단계에는 무엇이 있습니까?

[답] 한 단계는 이생에서, 다른 한 단계는 우리가 완전히 구원받을 때인 마지막 심판에서 실행됩니다.

[제95문] 이생에서 실행되는 우리의 구속에서 우리는 무엇을 배워야 합니까?

[답] 두 가지인데, 하나는 우리의 구속이 그리스도 안에서 어떻게 획득되는지를, 다른 하나는 그 구속이 우리에게 어떻게 적용되는지를 배워야만 합니다.

[제96문] 그 획득된 구속은 어디에서 우리에게 제공됩니까?

[답] 새 언약 안에서 제공됩니다.

[제97문] 하나님께서 인간과 맺으신 언약은 몇 가지입니까?

[답] 두 가지인데, 곧 행위 언약과 은혜 언약입니다.

[제98문] 행위 언약의 핵심 내용은 무엇입니까?

[답] 하나님께서 우리에게 영생을 약속하신다는 것과 우리는 우리 본성의 능력으로 율법을 지켜야 할 의무가 있다는 것입니다(롬 10:5; 갈 4:23-24).

[제99문] 하나님께서 누구와 행위 언약을 맺으셨습니까?

[답] 아담과 맺으셨고 동시에 아담 안에 속한 전 인류와 맺으셨습니다.

[제100문] 우리는 행위 언약을 지킬 수 있습니까?

[답] 지킬 수 없습니다. 죄를 범하지 않은 의인은 아무도 없습니다.

[제101문] 그렇다면 우리는 유죄판결을 받은 것이 아닙니까?

[답] 예, 확실히 우리는 유죄판결을 받았습니다. 하지만

이제 그리스도 안에서 우리는 죽었으며, 그래서 우리는 다른 남편, 즉 그리스도와 결혼해서 살고 있기 때문에 죽은 남편이 아내를 다스릴 수 없는 것과 마찬가지로 우리의 첫 남편인 율법이 우리를 더 이상 다스릴 수 없습니다.

[제102문] 결혼 계약이란 무엇입니까?

[답] 은혜 언약입니다.

[제103문] 은혜 언약의 핵심 내용은 무엇입니까?

[답] 그리스도를 믿는 사람은 누구든지 영생을 얻는다는 것입니다(요 3:16).

[제104문] 하나님께서는 새 언약에서 우리에게 무엇을 약속하십니까?

[답] 우리 죄의 용서, 우리 본성의 갱신, 그리고 영생을 약속하십니다(렘 31:33-34; 단 9:24; 겔 36:26-27; 요 3:16).

[제105문] 새 언약의 조건은 무엇입니까?[29]

[답] 오직 구원에 이르는 참된 신앙뿐입니다(롬 10:6; 갈

4:24-26).

[제106문] 하나님께서는 누구와 새 언약을 맺으셨습니까?[30]

[답] 행위 언약에서처럼 전 인류와 맺은 것이 아니라, 오
직 하나님께서 택하신 백성과 맺으셨습니다(렘 31:33,
32:36-37).

[제107문] 믿음이 왜 새 언약의 유일한 조건입니까?

[답] 새 언약은 우리보다 더 강하신 분, 즉 그리스도에게
우리 구원의 무게[31]를 두는 약속들로 가득하며, 그런
데 믿음은 약속들을 붙잡으며 아울러 그리스도를 가
까이 하도록 하면서 그리스도에게 완전히 기대하도
록 우리를 만들기 때문입니다.

[제108문] 그럼 새 언약, 즉 새 언약에 속한 약속들이 모든 사람에게 설교된다는 점을 고려하여 생각하면 어찌하여 그 언약[의 약속들]은 그 약속들이 설교되는 모든 사람의 수중에 있지 않습니까?

[답] 새 언약에 속한 약속들은 외적으로 모든 사람에게 제
시되지만, 택함 받은 사람들이 그 약속에 따라 그 기

업을 손에 넣는 유일한 상속자들, 곧 자녀들입니다(롬 9:8; 갈 3:29).

[제109문] 은혜 언약은 행위 언약과 어떻게 다릅니까?

[답] 은혜 언약이 행위 언약보다 더 나은 언약인데, 이는 두 언약이 모두 거룩하고 영적인 것으로 보아서 첫째 [행위] 언약이 부당했기 때문이 아니라 은혜 언약이 우리에게 더 나은 언약이기 때문입니다.

[제110문] 무슨 이유로 은혜 언약이 우리에게 더 나은 언약입니까?

[답] 거기에는 많은 이유가 있는데, 특별히 행위 언약은 아담과 맺어졌고 아담의 자유 의지는 그 자신과 우리를 죽였지만 그리스도께서 이 은혜 언약의 보증인이기 때문입니다(히 7:22).

[제111문] 그리스도는 어떻게 보증인이 되십니까?

[답] 은혜 언약의 모든 약속은 [은혜 언약의] 머리이신 그리스도에게 주어지는 약속이면서 '그리스도의 상속자이자 양수인인 우리'에게 주어지는 약속인데(히 1:5,

7:22; 시 89:26-28; 사 55:5; 갈 3:16), 이는 그리스도께서 우리를 위하여 그 언약에 서명하시기 때문입니다.

[제112문] 영생은 믿음이란 조건으로 그리스도에게 약속되지 않는다는 것을 생각하면, 그 약속은 어떻게 그리스도에게 주어질 수 있습니까?

[답] 그런데 하나님께서는 많은 자녀들, 즉 상속자들이 그리스도의 수난으로 말미암아 그리스도의 씨가 되리라고 그리스도에게 약속하셨으며(사 53:10; 히 2:10, 13), 우리가 그리스도의 충만한 데서 그 언약을 지킬 수 있는 은혜를 얻을 수 있도록 그리스도의 손에 은혜의 모든 풍만함을 담보로 맡기셨습니다.

[제113문] 그 사실에서 우리는 어떤 위로를 받습니까?

[답] 우리는 대단히 큰 위로를 받는데, 이는 내가 은혜 언약 안에 있으면 (내가 주님을 경외함으로 말하건대) 그리스도께서 우리를 위한 보증인으로 계신 이상 그리스도께서 우리를 잃으신다는 것은 수치가 되기 때문입니다.

[제114문] 은혜 언약의 둘째 특별한 장점은 무엇입니까?[32]

[답] 행위 언약은 파기되었습니다. 하지만 은혜 언약은 영원한데, 이는 은혜 언약은 하나님의 사랑과 그리스도의 죽음에 근거를 두고 있기 때문입니다.

[제115문] 그런데 우리의 자유 의지가 예전으로 돌아가서 그 언약을 파기할 수 있지 않습니까?

[답] 파기할 수 있습니다. 하지만 '우리를 위해 묶여 있는 보증인'께서 우리가 보증인을 떠나가지 않도록, 아니 떠날 수 없도록 '보증인을 경외하는 마음'을 우리 마음속에 넣어두십니다(렘 32:40; 겔 36:26; 요 6:37).

[제116문] 은혜 언약의 셋째 특별한 장점은 무엇입니까?

[답] 행위 언약은 행하든지 죽든지 하라고 말하며, 게다가 엄격한 채권자와 가혹한 재판관처럼 도무지 회개의 소리를 들으려고 하지 않고, 우리를 전혀 용서하려고 하지도 않으며, 하루의 여유도 우리에게 주려고 하지 않지만 가장 작은 죄 때문에 우리를 모두 당장에 지옥으로 던집니다. [이에 반해서] 은혜 언약은 온유한 채권자처럼 가난한 채무자들이나 파산한 자들에 대

한 마음을 바꾸거나 가엾게 여기려고 하며, 게다가 그들이 믿을 때에는 언제든지 그들을 따뜻이 맞이하려고 합니다.

[제117문] 무엇이 하나님을 움직여서 은혜 언약을 맺게 했습니까?

[답] 그것은 하나님 자신의 자유로운 자비와 은혜입니다. 왜냐하면 하나님께서 은혜 언약을 맺으실 때 우리는 우리 자신의 혈통 때문에 죽도록 광활한 들판에 내던져진 '버려진 사생아'나 '반쯤 죽은 고아'와 같았는데 그때에 우리 주님께서 오셔서 우리와 언약을 맺으셨기 때문입니다(겔 16장; 창 3:15; 사 9:6; 요 3:16; 딛 2:11; 롬 5:10; 요일 4:9).

[제118문] 하지만 우리는 믿음을 의무적으로 지불해야 하며, 그 때문에 은혜 언약은 거저가 아닌 것으로 보입니까?

[답] 아닙니다. 그 모든 것 때문에 은혜 언약은 완전히 거저인데, 이는 우리 주님께서 우리 대신 지불하시고 더 나아가 우리로 믿게 하시기 때문입니다(빌 1:29; 겔

36:27; 엡 2:19; 요 6:44).

[제119문] 은혜 언약이 선포되는 방식은 몇 가지입니까?[33]

[답] 두 가지 방식이 있는데, 곧 의식법에서 그림자와 모형들의 형식으로 유대인들에게 선포된 '옛 유언'의 방식과 그리스도 안에서 분명하게 선포된 '새 유언'의 방식입니다.

[제120문] 무엇 때문에 여러분은 은혜 언약을 유언이라고 부릅니까?

[답] 왜냐하면 은혜 언약은 그리스도의 피로 인침을 받았고, 우리 구주께서 죽으시면서 우리에게 그 언약의 모든 복을 유산으로 남겨주셨기 때문입니다(히 9:16-17).

[제121문] 우리가 구원을 받는 것과 같은 방식으로 구약시대에 유대인들도 구원을 받았습니까?

[답] 예, 유대인들도 정말 동일한 방식으로 구원받았는데, 이는 그리스도는 창세 때부터 죽임 당한 어린 양이셨으며(계 13장), 결국 행위 언약은 옛 유언에서 전혀 강요되지 않았으며, 희생제물에서 그리스도가 어렴풋

이 모형적으로 보였기 때문입니다.

■ ■ ■ ■ ▪ ·

제14장 _ 우리 구주의 본성과 위격에 관하여
Of The Nature and Person of Our Saviour

[제122문] 은혜 언약에서 우리는 우리 구주와 관련하여 무엇을 배워야 합니까?

[답] 두 가지인데, 곧 우리 구주의 본성과 우리 구주의 직책입니다.

[제123문] 우리 구주는 어떤 위격이십니까?

[답] 제2위격이신, 하나님의 아들이십니다.

[제124문] 무엇 때문에 [우리의 구주는] 성부와 성령이기보다는 성자이십니까?

[답] 성자는 [우리의 구주가 되기에] 가장 적합한 위격이셨는데, 이는 성자로 말미암아 우리가 양자로 채택을 받을 수 있었기 때문입니다(갈 4:4).

[제125문] 그렇다면 우리의 구속 사역에서 성부 하나님께서는 우리를 위해 무엇을 행하십니까?

[답] 성부 하나님께서는 자기 아들을 보내시고 [우리의 구속] 사역을 위해 그 아들에게 하나님의 성령을 [즉, 성령의 모든 은사를] 그 아들의 동료보다 훨씬 더 많이 은혜로 베푸셨습니다(사 6:8; 시 45:2, 7; 요 1:14, 16). 성부 하나님께서는 자기 아들을 우리의 보증인으로 받으셔서 그 아들에게 우리의 죄들을 지우셨습니다(사 53:6; 고후 5:21). 성부 하나님께서는 그 빚을 [갚을 것을] 요구하셨고, 그래서 우리를 대신하여 그 아들을 죽음에 처하게 했습니다.

[제126문] 이런 사실에서 우리는 무엇을 배웁니까?

[답] 우리는 성부 하나님께서 성자 하나님보다 더욱 의롭거나 죄 때문에 더욱 진노하신다고 생각해서는 안 되고, 이러한 성자 하나님께서 성부 하나님보다 더욱 자비롭거나 더 빨리 기뻐하신다고 생각해서도 안 되며, 오히려 인간을 불쌍히 여기는 동일한 자비가 모든 삼위 안에 똑같이 있으며 죄를 추적하는 동일한 공의가 모든 삼위 안에 똑같이 있다는 것을 배웁니다.

[제127문] 그리스도는 어떤 존재 방식을 지닌 위격입니까?

[답] 그 본성이 성부와 성령과 동등하신 참 하나님이시며
(요 1:1, 9:37; 사 6장; 렘 23:6; 딤전 3:16, 계 17:14), 죄를 제
외하고는 모든 것에서 우리와 똑같은 참 인간이십니
다(히 4:15).

[제128문] 우리 구주는 왜 하나님이셨습니까?

[답] 그것은 우리 구주께서 [하나님이셔야] '어떤 피조물
도, 인간도, 천사도 감당할 수 없는 하나님의 진노'를
그 자신이 짊어질 수 있고, 우리에게 의를 얻게 하실
수 있으며, 아울러 우리를 위해 사망과 음부를 이겨
낼 수 있었기 때문입니다.

[제129문] 우리 구주는 왜 인간이 되어야 했습니까?

[답] 그것은 우리 구주께서 [인간이 되어야] 인간을 대신
해서 죽을 수 있고, 그 자신 안에서 하나님과 인간을
굳게 결합시킬 수 있으며(히 2:14), 아울러 시험을 받
고 있는 우리를 불쌍히 여길 수 있었기 때문입니다(히
4:15).

[제130문] 우리 구주가 한 위격 안에서 하나님과 인간이신 것을 여러분은 어떻게 증명합니까?

[답] 우리에게 태어난 동일한 아들이 전능하신 하나님이라고 불리기 때문입니다(사 6:9; 눅 1:31-32; 요 9:35-37; 롬 9:5).

[제131문] 우리 구주께서 육체로 오심과 관련이 있는 부분은 무엇입니까?

[답] 우리 구주의 잉태와 탄생 둘 다입니다.

[제132문] 우리 구주께서는 어떻게 잉태되셨습니까?

[답] 인간의 도움이 없이 성령 하나님께서 동정녀 마리아를 보호하셨으며, 그녀의 씨를 구성하는 요소를 성결하게 하셨으며, 더 나아가 그 요소를 죄의 오염에서 정결하게 하셨으며, 그리하여 그것으로 우리 주님의 몸을 형성하셨습니다.

[제133문] 우리 구주께서는 어떻게 태어나셨습니까?

[답] 예정한 때가 되자 하나님의 아들은 위격적 연합을 통해 인간의 본성을 취하셨습니다.

[제134문] 두 본성은 어떻게 함께 묶여집니까?

[답] 두 본성은 하나가 다른 것으로 변하지 않으며, 포도
주와 물처럼 다른 것을 관통해서 섞여지지도 않으며,
각각의 두 사람처럼 하나가 다른 것과 분리되어 있지
도 아니며, 오히려 한 위격 안에서 하나님의 본성과
하나님의 모든 속성, 그리고 인간의 본성과 인간의
모든 속성은 각각 그 자신의 자리와 지위를 계속 지
니고 있습니다.

[제135문] 이러한 결합으로 뒤따라오는 것은 무엇입니까?

[답] 그것은 그리스도는 하나님과 인간이 함께 만나는 지
정된 만남의 장소라는 것과 그리스도의 죽음과 보혈
은 하나님의 죽음과 보혈이기 때문에 그리스도의 수
난은 무한한 효능을 지니고 있다는 것입니다.

[제136문] 그 외에 무엇이 더 뒤따릅니까?

[답] 그것은 '인성 안에 육신으로 거하는 신성'은 은혜의 원
천이며, 인성은 모든 은혜가 우리에게 흘러가는 수로
이며, 신인(God man)이신 그리스도는 인간과 천사의 경
배를 받으신다는 것입니다(엡 1:22; 요 5:22, 14:1; 행 7:59).

제15장 _ 그리스도의 직책에 관하여
Of Christ's Office

[제137문] 그리스도의 직책은 무엇입니까?

[답] 그리스도는 하나님과 인간 사이의 중보자이십니다.

[제138문] 그리스도 외에 [다른] 어떤 중보자가 있습니까?

[답] 인간이든지 천사이든지 전혀 없습니다(요 14:6; 딤전
　　2:5). 그러므로 어떤 사람을 그리스도와 함께 중보자
　　의 자리에 앉히는 사람들은 그리스도에게서 영광을
　　강탈하는 것입니다.

**[제139문] 그리스도는 중보자로서 얼마나 많은 사역을 하
　　　　　십니까?**

[답] 여섯 가지 사역을 하십니다.

[제140문] 중보자로서 첫째 사역은 무엇입니까?

[답] 자기의 성령에 의해 율법과 함께 하는 '중재의 판정자'
　　로서 그리스도는 우리에게 "우리가 죄를 범한 당사자

이며 하나님은 의롭다."는 것을 알게 하십니다.[34]

[제141문] 중보자로서 둘째 사역은 무엇입니까?

[답] 언약의 사자(使者)와 천사로서(말 3:1) 그리스도는 사람에게 평화를 주는 복음을 가지고 오시며(사 61:1-2), 우리의 순종에 관하여 자기 아버지에게 보고하십니다(요 17:14, 25).

[제142문] 중보자로서 셋째 사역은 무엇입니까?

[답] 보증인으로서 그리스는 우리의 대속물로 자기 자신의 생명을 지불하십니다(마 20:28; 벧전 1:18).

[제143문] 중보자로서 넷째 사역은 무엇입니까?

[답] 대변자와 친구로서, 그리스도는 하나님 우편에서 우리를 변호하고 간청하십니다(롬 8:32[35]; 요일 2:1).

[제144문] 중보자로서 다섯째 사역은 무엇입니까?

[답] 그리스도는 하나님과 우리가 다시 불화할 수 없도록 자기의 성령으로 우리를 다스리시며, 우리를 끝까지 견고하게 하십니다(고전 1:18[36]; 골 3:3; 요 10:28-29).

[제145문] 중보자로서 여섯째 사역은 무엇입니까?

[답] 혼일 날에 그리스도는 [자기 앞에] 우리를 합당한 결혼예복을 입은 '죄 없는 성결(聖潔)한 처녀'로 내세웁니다(엡 5:27).

[제146문] 그리스도는 하나님으로서 중보자이십니까 아니면 인간으로서 중보자이십니까?

[답] 두 본성 안에서 중보자이신데, 이는 각 본성이 [중보자의 사역을 이루기 위해] 그 본성에 고유한 것을 행하기 때문입니다.

[제147문] 어떤 점에서 그리스도는 다른 중보자들과 다릅니까?

[답] 특별히 "양쪽 당사자, 곧 하나님과 사람 모두 다 그리스도를 치시고 상하게 했지만, 우리의 참을성 있는 예수께서는 양쪽에서 타격을 받으시되 양쪽 당사자를 화해시킬 때까지 달아나려고 하지 않았다."는 바로 이 점에서 다릅니다.

제16장 _ 그리스도의 선지자직에 관하여
Of His Prophecy

[제148문] 왜 우리의 구주께서는 예수라고 불립니까?

[답] 우리의 구주께서는 죽으심으로써 자기 백성을 그들 죄의 죄책뿐만 아니라 그 죄의 더러움에서도 구원하시며, 게다가 그 모든 백성에게 '값을 치르고 획득한 구속'을 적용하시기 때문입니다(마 11^{37}:21, 히 2:14-15).

[제149문] 왜 우리 구주께서는 그리스도 혹은 메시아라고 불립니까?

[답] 우리 구주께서는 성별되어 은혜의 기름을 받으셔서 선지자와 왕과 제사장이 되었기 때문입니다(시 45편).

[제150문] 누가 우리 구주를 이 직책으로 부르셨습니까?

[답] 우리 구주의 아버지이신 성부께서 우리 구주를 선지자(사 49:6, 61:1)와 왕(시 2편)과 제사장(시 110편)으로 임명하셨습니다.

[제151문] 그 사실에서 여러분은 어떠한 위로를 받습니까?

[답] 나는 우리 구주께서 '나를 위한 구원 사역'에서 행하시는 것이 율법에 따라서 선한 것으로 있을 것임을 압니다.

[제152문] 어떤 점에서 우리 구주는 선지자이십니까?

[답] 우리 구주께서는 우리에게 하나님의 모든 뜻을 가르치시되, 육신으로 있을 시기에는 혼자 직접 가르치셨으며, 아울러 [승천하신 이후에는] 그런 효과를 위해 선지자들과 사도들을 보내심으로써 가르치셨다는 점에서 선지자이십니다(요 1:18-19, 요 15:15).

[제153문] 어떻게 우리 구주는 다른 선지자들과 다릅니까?

[답] 우리 구주께서는 믿을 수 있는 마음을 여시고(요 5:25, 6:68), [우리 구주 외에] 다른 사람은 아무도 할 수 없는 이적들로 그 마음을 확증하십니다.

[제154문] 어떻게 우리 구주는 우리를 선지자들로 만드십니까?

[답] 우리 구주의 성령으로 말미암아 우리 구주께서는 우

리로 하나님을 알게 하사 서로 가르치며 권면하도록 하십니다(골 3:16; 히 6:10[38]).

■ ■ ■ ■ ■

제17장 _ 그리스도의 왕국에 관하여
Of His Kingdom

[제155문] 누가 그리스도를 왕으로 부르셨습니까?

[답] 그리스도의 아버지께서 그리스도의 머리에 왕관을 씌우셨습니다. 그리스도는 폭력이나 피 흘림이나 폭정에 의해서 즉위하지 않으셨습니다(시 2:6; 단 2:44; 눅 1:32).

[제156문] 그렇지만 그리스도께서는 왕으로 영원히 계시지 않습니까?

[답] 하나님으로서 그리스도께서는 왕국을 받으실 필요가 없으셨지만, 중보자로서는 그리스도의 아버지께서 그리스도와 그리스도의 모든 상속자를 위해서 그리스도에게 왕국을 선물로 주셨습니다.

[제157문] 이 사실에서 여러분은 어떤 위로를 받으십니까?

[답] 그리스도께서는 우리를 사랑하셨는데, 이는 우리가 "그리스도께서 천국 혹은 그 자신의 왕국에 머무를 수가 없었다기보다는, 불쌍한 노예인 우리에게 내려와 우리를 찾기 위해서 자기 아버지의 집을 반드시 떠나고자 하셨다."고 생각했기 때문입니다.

[제158문] 그리스도는 중보자로서 얼마나 많은 왕국을 가지고 계십니까?

[답] 세 개의 왕국, 즉 권능의 왕국, 은혜의 왕국, 영광의 왕국을 가지고 계십니다.

[제159문] 그리스도의 권능의 왕국이란 무엇입니까?

[답] 아담의 죄로 말미암아 불완전하고 무로 될 것이 확실한 '자연의 전(全) 체계'에 들어와서 그 체계를 유지하시는 그리스도의 권능의 손입니다(갈[39] 1:17; 히 1:2[40]).

[제160문] 은혜의 왕국에서 그리스도의 사역은 무엇입니까?

[답] 교회의 유일한 머리와 왕으로서, 그리스도께서는 자기 교회에 율법을 주시고(사 6:9, 22:22; 히 3:6), 자기 백

성을 모으시며 자기 검의 홀로 그들의 양심을 다스리십니다(시 45:3; 계 1:16, 6:2-4). 그리스도는 자기 백성에게 상을 주시며(엡 4:8; 눅 23:43; 계 3:21), 자기의 모든 원수를 자기 발등상으로 삼으십니다(시 2:9, 69:28, 72:9, 110:5; 마 25:34, 사 32:1).

[제161문] 왕으로서 그리스도에게는 어떠한 속성이 있습니까?

[답] 첫째로, 그리스도에게는 불처럼 타는 순수한 놋쇠와 같은 발을 가지고서 자기가 기뻐하시는 바를 행할 수 있는 권능과 권위가 있습니다. 이것은 그리스도께서 자기 발을 내려놓는 곳에서 자기 원수들[의 반대]에도 불구하고 전진할 수 있음을 보여줍니다. 그리고 그리스도의 권능은 하늘과 땅에 있는 가장 완고한 사람들이 그리스도에게 무릎을 꿇고 경배하리라는 점에서 확인됩니다(롬 14:11, 슥 9:10, 시 72:8, 단 7:14, 마 28:18).

[제162문] 왕으로서 그리스도에게 있는 둘째 속성은 무엇입니까?

[답] 그리스도는 지혜를 가지고 있으며, 지식으로 충만한 일곱 눈을 가진 돌이며(슥 3:9), 모사[즉, 성부 하나님의 모든 의논에 함께 하는 분으로서 성부의 영원한 지혜이신 분]이십니다(사 9:6). 그리고 그리스도의 머리와 머리털은 흰 양털과 같고, 눈과 같이 희며, 그리스도의 눈은 타오르는 불과 같은데, 이것은 그리스도가 연륜이 많고 가장 지혜로운 원로원임을 보여줍니다.

[제163문] 이 왕의 셋째 속성은 무엇입니까?

[답] 지극히 영광스러운 왕이십니다(계 10:1; 시 45:8). 왜냐하면 '구름을 타고 오시는 그리스도'는 그 머리 위에 무지개가 있고, 그 얼굴은 해와 같기 때문입니다. 그리고 그리스도의 한 발은 바다 위에 서 계시고 다른 한 발은 땅 위에 서 계시기 때문인데, 그 때에 그리스도는 자기 자신의 터 위에 서 계십니다.

[제164문] 왕으로서 그리스도에게 있는 넷째 속성은 무엇입니까?

[답] 그리스도의 통치는 지극히 의로운데(시 45:6-7, 72:2), 이는 그리스도께서 공의로 그 허리띠를 삼아 행하시

기 때문입니다(사 11:5, 42:1-3).

[제165문] 그리스도 왕국의 속성은 무엇입니까?

[답] 그리스도의 왕국은 양심을 다스리는 영적인 왕국이며, 세속적 화려함이 없는 영적 통치이며, 상급이 그리스도의 영적인 친구들에게 주어지는 영적인 홀입니다. 그리고 그리스도의 왕국은 영원한 왕국입니다(눅 1:33; 단 3⁴¹:44).

[제166문] 그런데 그리스도께서는 아버지께 그 나라를 바치실 것이 아닙니까?(고전 15장)

[답] 그리스도께서는 아버지에게 자기가 상속받은 것이 아닌 획득한 것을 보고하여 [바치며], 그리스도께서 지금처럼 말씀과 성례로 더 이상 다스리지 않으십니다.

[제167문] 언제 예수님은 다스리기 시작하셨습니까?

[답] 예수님은 복된 씨가 아담에게 약속되었을 때에도 [다스렸습니다.] 하지만 예수님은 승천하신 뒤 곧 말하자면 왕관을 쓰셨으며 모든 사람 앞에서 영광을 충만히 소유하게 되었습니다(마 28:18; 행 2:36; 빌 2:9; 단

7:13-14).

[제168문] 그리스도의 영광의 왕국은 무엇입니까?

[답] 그것은 은혜의 충만한 완전함인데, 거기서 그리스도
는 모든 성도에게 만유 안에서 만유로 계실 것입니다.

[제169문] 그리스도께서는 공로로 말미암아 이 영광의 왕
국에 가셨습니까?

[답] 아닙니다, 이는 그리스도께서 왕으로 태어나셨기 때
문입니다. 하지만 그리스도는 자기와 자기 백성을 위
해 이 영광의 왕국을 획득하심으로써 그 왕국에 가셨
습니다.

[제170문] 그리스도께서는 우리를 어떻게 왕으로 만드십
니까?

[답] 그것은 그리스도께서 우리에게 믿음을 주셔서 그 믿
음으로 우리가 세상(요일 5:4)과 사탄과 죽음을 정복
할 때이며, 아울러 그리스도의 성령으로 말미암아 그
리스도께서 우리 안에 있는 죄를 십자가에 못 박으실
때입니다(갈 2:20, 6:14).

제18장 _ 그리스도의 제사장직에 관하여
Of Christ's Priesthood

[제171문] 그리스도께서는 어떤 점에서 제사장이십니까?

[답] 그리스도께서는 우리를 위해 십자가에서 자신의 몸을 제물로 바치신 점에서, 그리고 우리를 위해 간구하시는 점에서 제사장이십니다.

[제172문] 이 희생제물에서 우리가 배울 수 있는 것은 몇 가지입니까?

[답] 두 가지인데, 첫째는 그 희생제물이 어떻게 준비되었는지, 그 다음은 그것이 어떻게 드려졌는지입니다.

[제173문] 그리스도께서는 자신을 어떻게 준비했습니까?

[답] 그리스도께서는 우리를 위해서 자신을 성결하게 하셨으며, 우리의 보증인으로서 율법에 순종하셨고, 이생에서 많은 고난을 받으셨습니다(요 17:19).

[제174문] 그리스도의 순종은 언제 시작했습니까?

[답] 그리스도께서 출생 후 8일째 되는 날에 할례를 받으셨을 때입니다.

[제175문] 그리스도께서는 왜 할례를 받으셨습니까?

[답] 그리스도께서 친히 율법 전체의 채무자가 되셨기 때문이며, 우리로 그리스도가 아브라함의 자손이며 유대인의 구주였음을 알게 하기 위해서였기 때문입니다.

[제176문] 그리스도는 왜 다른 유아들처럼 성전에 드려졌으며, 또한 제물을 바치셨습니까?

[답] 그것은 그리스도의 성령으로 말미암아 우리가 우리 자신을 거룩한 [제물로] 하나님께 드리도록 하기 위해서였습니다.

[제177문] 그리스도께서는 왜 세례를 받으셨습니까?

[답] 죄 때문이 아니라 표징 안에서 그리스도께서 우리를 위하여 자신을 언약에 묶으셨기 때문이며, 우리와 그리스도 모두 다 동일한 표징으로 인침을 받은 것을 생각해 보면서 우리로 우리의 높은 지위를 알게 하기 위해서였기 때문입니다.

[제178문] 그리스도께서는 우리를 위해 어떤 고난을 받으셨습니까?

[답] 그리스도께서는 가난하게 태어났으며, 그리스도의 목숨은 요람에서부터 노려졌습니다. 그리고 그리스도께서는 사탄의 유혹을 받았으며, 세상의 미움을 받으셨습니다.

[제179문] 그리스도께서는 이 모든 고난을 왜 받으셨습니까?

[답] 우리의 모든 고난을 성결하게 하기 위함이었으며, 게다가 그리스도께서 유혹을 받고 있는 우리를 불쌍히 여기셔서 도울 수 있게 하기 위함이었기 때문입니다.

[제180문] 그런데 우리가 그리스도께서 병에 걸렸다는 것을 읽지 못했다는 점에서 보면, 그리스도는 우리를 위해 모든 고난을 경험하지 않으셨던 것입니까?

[답] 그리스도께서 병에 걸리지 않으셨지만, 그리스도의 거룩한 몸은 아팠으며, 배고픔과 목마름과 피곤과 상함과 매 맞음으로 고통을 받으셨습니다.

[제181문] 그리스도께서는 어떤 방식으로 제사장이라고 불렸습니까?

[답] 그리스도께서는 하나님의 맹세라는 방식으로 제사장이라 불렸는데[히 7:20-21][42], 이는 "그리스도의 아버지께서 [그리스도를 영원한 제사장으로 임명하신 것을] 매우 기뻐하셨으며, 그래서 그 아버지께서 그리스도를 죽음 때문에 그 직책에서 결코 면직시키지 않으셨다."는 것을 우리로 알게 하시기 위함입니다.

[제182문] 그리스도께서는 우리를 위해 무엇을 드리셨습니까?

[답] 그리스도께서는 자신의 신성의 능력을 통하여 자기 자신의 생명을 십자가에 드리셨습니다.

[제183문] 그렇다면 그리스도께서는 자신의 죽음에서 단지 인성을 지니신 분으로서만 고난을 받지 않았습니까?

[답] 아닙니다. 그리스도의 인성이 고난을 받았지만, 그리스도의 신성은 말하자면 그리스도의 손에서 '하나님의 육신과 피'[43]를 주었습니다.

[제184문] 그렇다면 그리스도의 신성은 그리스도의 고난에서 [그 신성에 속한 고유한 것을] 행했습니까?

[답] 예, 물론입니다. 그리스도의 신성은 [그리스도의 인성에 신적 영광을] 제공했습니다. 즉, 성막에 있는 금이 자주색과 홍색의 휘장에 빛이 나면서 빼어난 광채를 발했던 것처럼, 그리스도의 신성의 영광은 죽어가는 그리스도의 몸에 난 '푸르스름하고 붉그스름한 상처'에 '번쩍이는 빛'과 '굉장한 광채'를 던졌습니다.

[제185문] 그리스도께서는 왜 십자가에 못 박혀 죽으셨습니까?

[답] 십자가에 못 박혀 죽은 것은 저주 받은 죽음이었으며 (신 21:23), 그래서 그리스도께서 저주받은 죄인인 우리 대신 저주받고자 하셨기(신 27:26; 갈 3:10) 때문입니다.

[제186문] [십자가에] 매달려 있는 모든 사람에게 임한 의식적 저주 외에 다른 어떤 저주도 그리스도에게 임하지 않았습니까?

[답] 아닙니다. 율법을 범한 것 때문에 모든 택함 받은 사

람에게 마땅한 그 저주가 그리스도에게 임했습니다
(갈 3:10).

[제187문] 그리스도께서 죽으셔야만 하는 무언가 필요성
이 있었습니까?

[답] 그리스도께서 죽든지 우리가 죽든지 해야 하는데, 이
는 하나님은 아무런 이유도 없이 절대 죄를 용서하지
않으셨기 때문이며, 더불어 그리스도께서 우리에게
자신의 복을 유산으로 주기 위해서는 유언을 하셔야
할 필요가 있었기 때문입니다(히 9장).

[제188문] [그리스도의 아버지께서] (한 번도 죄를 범하신
적이 없는) 그리스도를 우리 대신 죽이신 것은
의였습니까?

[답] 예, 그렇습니다. 이는 그리스도께서는 우리를 위한
보증인으로 기꺼이 지원하셨으며(시 40:7; 히 10:7), 그
리스도의 아버지께서는 그리스도를 보증인으로 받아
들이셨기 때문입니다(사 53:6).

[제189문] 그렇다면 그리스도께서 모든 인류에게 공통된

우리의 본성을 지니신 사실은 그리스도로 하여금 모든 인류를 위해 죽은 구주가 되게 하지 않습니까?[44]

[답] 예, 안 됩니다. 하지만 그리스도께서는 하나님의 선하신 기뻐하심으로 보증인이 되시고 그래서 오직 '[택하여] 지명(指名)하신 많은 사람'만 대표할 뿐이신데, 그런 그리스도께서 행하신 행위는 우리 구원의 기초입니다.

[제190문] 그럼 그리스도께서 죽으실 때에 우리를 대신했다는 것을 여러분은 어떻게 압니까?

[답] 성경은 말하기를 "그리스도는 우리의 보증인이시다.", "그리스도는 우리의 죄 때문에 죽으시고 상하게 되셨다(롬 5:8; 요일 3:16; 요 15:13)", 그리고 "그리스도는 '혼자 힘으로는 지불할 능력이 없는 포로 된 사람들'을 대신해 지불되는 속전을 치르셨다(마 20:28)"고 증언합니다.

[제191문] 여러분이 이것에 대해서 제시하는 또 다른 이유는 무엇입니까?

[답] 만일 그리스도께서 모든 사람을 위해 죽으셨고, 그런데 그 결과로서 그들이 어쩌다가 그들의 죄 때문에 지옥에서 벌을 받을 수 있으면, 그들의 죄 때문에 그리스도를 벌하셨는데도 지옥에서 바로 그 동일한 죄를 벌하신다는 점에서 하나님은 불의하실 것입니다.

[제192문] 그런데 우리는 그리스도에게 우리를 대신할 권한을 위탁한 적이 없지 않습니까?

[답] 우리가 그리스도를 믿을 때, 우리는 '그리스도의 아버지께서 그리스도에게 맡기신 임무'를 받아들이면서 '아멘'이라고 하는데, 그 아버지께서는 그리스도에게 우리 모든 사람의 속전이 되라고 하셨습니다.

[제193문] 그럼 그리스도께서 우리를 대신해서 죽으셨으면, 도대체 우리는 왜 죽어야 합니까?

[답] 우리는 사망이 쏘는 독침인 죄에서 구원을 받습니다 (고전 15장). 그리고 불 뱀의 독침이 제거될 때 사람이 불 뱀에게서 구원을 받는 것과 같이 우리는 죽음에서 구원을 받습니다.

[제194문] 그리스도의 죽으심의 열매는 무엇입니까?

[답] 그리스도께서는 하나님의 공의와 율법을 만족시키셨고, 그리하여 우리를 위해 죄용서와 영생을 획득하셨습니다.

[195문] 그리스도께서 우리를 위해 자신의 육체로 받으신 고난은 무엇입니까?

[답] 그리스도께서는 목마름, 피 흘림, 침 뱉음, 채찍질, 찔림, 그리고 머리와 얼굴과 옆구리와 손발의 상함, 그리고 마지막에 죽음을 당하셨습니다.

[제196문] 그리스도께서 그 자신의 영혼과 관련하여 받으신 고난은 무엇입니까?

[답] 그리스도께서는 그 자신에게 사실상 지옥인 하나님의 진노를 받으셨습니다.

[제197문] 그리스도께서는 [십자가의 죽음이라는] 그 잔을 제거해달라고 왜 기도하셨습니까?

[답] 죄나 절망이 없는 인성을 지니신 그리스도께서는 하나님의 뜻에 복종하면서 자신을 위해 간구하셨습니다.

[제198문] 그리스도께서는 하나님께서 자신을 버리셨다고 왜 탄식하셨습니까?

[답] 왜냐하면 성부 하나님이 구름에 가려진 태양처럼 가려져 있어 성부 하나님을 볼 수 없음으로 말미암아, 그리고 우리의 죄 때문에 겪게 되는 하나님의 진노에 대한 두려움으로 말미암아 극도의 슬픔과 비탄에 잠긴 그리스도의 영혼은 자신이 하나님과 늘 가지셨던 대로 하나님을 볼 수 없었기 때문입니다.

[제199문] 그리스도께서는 왜 무덤으로 내려가셨습니까?

[답] 우리로 하여금 그리스도가 죽음의 수중에 있었다는 것을 알게 하기 위함과, 우리를 위해 그 무덤을 성결하게 하기 위함입니다.

[제200문] 그런데 그리스도께서 날마다 미사에서 바쳐지지 않습니까?

[답] 아닙니다. 성경은 말하기를 "그리스도께서는 단 한 번 드려졌고, 단 한 번 죽으셨다(히 9장). 그렇지 않으면 그리스도의 희생은 완전하지 않았다."고 증언합니다.

제19장 _ 그리스도의 중보적 기도에 관하여
Of Christ's Intercession

[제201문] 그리스도의 제사장직에 속한 또 다른 부분은 무엇입니까?

[답] 그리스도께서 하나님 우편에서 우리를 위해 중보기도를 드리는 것입니다.

[제202문] 그리스도께서 이 사역을 위해 밟으신 단계는 무엇입니까?

[답] 그리스도께서 제 삼일에 부활하신 것과 승천하신 것입니다.

[제203문] 그리스도께서 다시 살아나신 것을 어떻게 알 수 있습니까?

[답] 오백 여 형제들이 같은 시간에 [부활하신] 그리스도를 보았으며, 천사들이 [그리스도의 부활을] 증언했고, 남자들과 여자들이 [부활하신] 그리스도를 보고 듣고 그들 손으로 만졌으며, [부활하신] 그리스도와

함께 식사했습니다.

[제204문] 우리는 그리스도의 부활로 말미암아 우리가 누리는 유익은 무엇입니까?

[답] 그리스도의 부활로 말미암아 우리는 "그리스도는 부패와 사망이 묶어둘 수 없는(시 16:10; 행 2:24) 완전한 구주이시다."라는 것과 "부활하신 그리스도로 말미암아 우리는 이생에서 새로운 피조물이 되기도 하고(골 3:1), 내세에서는 영광으로 부활하기도 할 것이다(고전 15:22-23)."라는 것을 압니다.

[제205문] 그리스도는 왜 승천하셨습니까?

[답] 우리의 대제사장으로서 그리스도께서는 자신의 왕복을 입고서 우리를 위해 성부 면전에 가서 서기 위해서이며, 그리하여 우리의 호소와 간구를 주의하여 듣고서 그것들을 성부의 손에 제출하고, 우리에게 천국에 들어갈 준비를 시키시는 성령을 보내며, 그리고 우리를 위해 천국을 마련하기 위해서입니다(요 14:2, 16장).

[제206문] 그런데 그리스도의 몸은 그리스도의 신성과 함께 지금 모든 곳에 계시지 않습니까?

[답] 아닙니다. 그리스도의 성령과 신성의 능력으로 그리스도께서는 모든 곳에 계시며 영구히 자기 교회와 함께 계시지만, 예수의 인성은 마지막 날까지 하늘에 계셔야만 합니다(마 28:20; 행 3:21).

[제207문] 현재 그리스도의 영광의 자리는 하늘에서도 어느 곳입니까?

[답] 그리스도께서는 하나님의 우편에 좌정해 계십니다.

[제208문] 그럼 하나님에게는 죽을 인간처럼 손이나 발이 있습니까?

[답] 아닙니다. 그렇지만 그런 표현은 왕들이 자기 우편에 가장 높은 신하들을 앉히는 데서 빌려온 말입니다(왕상 2:19).

[제209문] 그것이 의미하는 것은 무엇입니까?

[답] 전에는 육신의 장막이 그리스도의 영광을 감추었던 반면에 지금은 "그리스도가 [그 본질이] 하나님과 동

일하며 그 영광은 성부 하나님과 성령 하나님과 동등하다.”는 것과 “인간이신 그리스도는 인간과 천사보다 뛰어나게 되어 [성부] 하나님 곁에 계신다.”는 것(빌 2:8-10)을 선포하고 있습니다.

[제210문] 이런 사실에서 우리는 어떤 위로를 받습니까?

[답] 우리에게는 하늘 법정에 ‘우리를 위해 행할 능력도 있고 기꺼이 행하기도 하는 친구’가 있는데, 이 친구는 우리의 보증물인 우리의 혈과 육을 갖고 있으며, 우리에게 자기의 성령을 자기의 보증으로 주셨습니다.

[제211문] 스데반은 왜 그리스도가 하나님 우편에 서 계시다고 말합니까?

[답] 스데반은 그리스도께서 지금 고난에서 벗어나 안식하고 계시기 때문에 ‘앉아 있다’고 말하고 있고, 그리스도께서 자기의 원수들에게 복수(復讐)할 준비가 되어 있기 때문에 ‘서 있다’고 말하고 있습니다.

■ ■ ■ ■ ■

제20장 _ [적용된 구속에 관하여]
Redemption Applied

[제212문] 지금까지 [그리스도께서] 우리를 위해 값 주고 획득하신 구속과 관련하여 누가 이 구속을 적용시킵니까?

[답] 성부와 성자와 동등하신 참 하나님이신 성령 하나님께서 적용시키십니다. 하나님께서 거룩하시므로 성령 하나님께서는 우리를 거룩하게 하십니다.

■ ■ ■ ■ ■

제21장 _ 교회에 관하여
Of The Kirk

[제213문] [그리스도의] 구속은 누구에게 적용됩니까?

[답] [그리스도께서] 값 주고 사신 이에게 모두 적용되며, 그 외에는 아무에게도 적용되지 않습니다.

[제214문] 하지만 그리스도께서는 모든 사람을 위해 죽으

신 것이 아닙니까?

[답] 아닙니다. 그리스도는 오직 자기 양(요 10:11), 자기 교
회(엡 5:25), 자기 형제(히 2:11)를 위해서만 죽으셨습
니다.

**[제215문] 그런 경우 그리스도께서 죽으신 목적은 하나님
을 기쁘시게 하는 것과 불신앙으로는 아무도
들어갈 수 없는 천국 문을 여는 것이 아닙니까?**

[답] 아닙니다. 그리스도는 우리의 죄에서뿐만 아니라 우
리의 무가치한 언행에서도 우리를 사셨습니다(벧전
1:18, 19). 따라서 우리는 하나님을 향해서 살아야만
하는데(벧전 2:24; 고후 5:15), 그렇지 않으면 그리스도
는 반쪽짜리 구주에 지나지 않을 것입니다.

[제216문] 교회란 무엇입니까?

[답] 교회는 천상에서 승리의 개가를 부르든 지상에서 싸
우든 주님의 거룩한 [택함 받은] 사람들입니다.

[제217문] 지상 교회란 무엇입니까?

[답] 지상 교회는 영생에 이르도록 택함 받고서 하나님의

말씀과 성령으로 죄에서부터 은혜와 영광으로 부름
받은 하나님의 백성입니다(마 16:18).

[제218문] 사악한 사람과 유기된 사람도 교회에 속해 있습니까?

[답] 가라지가 알곡 가운데 있지만 알곡은 아닌 것처럼, 그리고 그물 안에 있는 모든 것이 물고기가 아닌 것처럼(마 13장) 그들은 교회 안에 있지만 교회에 속해 있지는 않습니다. [45]

[제219문] 교회는 왜 보편적이라고 불립니까?

[답] 왜냐하면 세계가 지속되고 있는 한, 모든 곳에서, 그리고 모든 나라와 사람 가운데서 하나님은 하나의 교회만 갖고 있기 때문입니다.

[제220문] 교회는 왜 거룩하다고 불립니까?

[답] 왜냐하면 하나님의 형상이 이생에서 성도들 안에서 시작되고, 성도들은 그리스도의 의(딤후 1:9; 요 14:26; 벧전 1:5; 신 14:2)로 옷 입혀지기 때문입니다.

[제221문] 교회는 항상 가시적이며 그래서 우리 눈에 보일 수 있습니까?

[답] 보편 교회는 우리가 감각할 수 있는 영역에 들어있지 않습니다. 따라서 그리스도를 믿는 택함 받은 사람들의 교회는 믿음으로 믿어지지만 우리 눈에는 보이지 않습니다(롬 2:29; 딤후 2:19).

[제222문] 그 결과 가시적 교회는 무엇이라고 말합니까?

[답] [가시적 교회는] 세상 사람들 앞에서 하나님의 이름을 공적으로 고백하는 하나님의 백성의 회중입니다.

[제223문] 그럼 가시적 교회는 항상 보일 수 있습니까?[46]

[답] 가시적 교회는 항상 보일 수 있지만, 모든 사람에게, 심지어 믿는 사람들에게도 가시적 교회를 볼 수 있는 눈이 없습니다. 가시적 교회가 핍박을 받고 있는 이런 때에 그 교회는 달이 구름에 감춰진 것과 같습니다(계 12:6; 롬 11:2-4).

[제224문] 참된 교회의 표지는 무엇입니까?

[답] 참된 교회는 목자이신 그리스도의 음성, 즉 말씀을 들

고 그리스도를 따릅니다(요 10:27).

[제225문] 그런데 [참된] 교회를 아는 것과 마찬가지로 참된 말씀의 바로 그 표징을 아는 것도 역시 어렵습니까?

[답] 예, 어렵습니다. 하지만 하나님의 백성인 사람들은 참으로 말씀을 통해 교회를 알고, 그리고 교회를 통해 말씀을 아는데, 이것은 마치 색깔과 깃발로 왕의 군대를 아는 것과 같습니다.

[제226문] 그럼 터키인과 이교도 같은 사악한 불신자들은 [참된] 교회를 어떻게 알 수 있습니까?

[답] 불신의 상태에서는 그들이 참된 교회를 완전히 알 수 없는데, 이것은 살아 있는 손은 몸의 열기나 냉기를 만져서 알아볼 수 있거나 느낄 수 있지만 나무로 만든 [죽은] 손은 그럴 수 없는 것과 같습니다.

[제227문] 그러면 인간은 참된 교회를 알 수 있기 전에 먼저 하나님의 말씀을 믿을 수 있는 믿음을 가져야만 합니까?

[답] 예, 분명히 그렇습니다. 참된 교회는 그리스도의 말씀을 믿는 총수(總數)인 것을 생각하면, 인간은 참된 교회를 알기 전에 먼저 말씀을 믿는 믿음을 가져야만 합니다.

[제228문] 교회는 믿음에서 벗어나거나 그리스도를 저버릴 수 있습니까?

[답] 구원에 필요한 문제라면 택함 받은 신자들의 보편 교회는 절대로 그리스도에게서 벗어날 수 없지만, 개별 지교회들은 그리스도를 벗어날 수도 있고 그리스도를 배반할 수도 있습니다(롬 11:20; 계 2:5).

[제229문] 총회로 함께 모인 교회의 교사들은 믿음에서 벗어날 수 있습니까?

[답] 모든 교회가 한 공회(公會)로 모일 수 없기 때문에, 그 교사들은 믿음에서 벗어날 수 있지만(마 26:3, 4; 렘 2:26-28, 5:3, 6:14; 사 1:5, 6; 요 9:22; 렘 26:8), 그렇다 하더라도 하나님께서는 지옥의 문이 이길 수 없는 교회를(마 16:18) 항상 가지실 것입니다.

[제230문] 마틴 루터가 등장하기 이전에 참된 교회는 어디에 있었습니까?

[답] 참된 교회는 로마가톨릭교회 아래에서 신음하고 있었으며 그래서 [그때에는] 그리스도를 공적으로 고백한 많은 사람이 있었는가 하면 스페인, 이탈리아, 로마에서 그랬던 것처럼 연약함으로 말미암아 핍박이 두려워 숨어버린 사람들도 있었습니다.

■ ■ ■ ■ ■ ▪

제22장 _ 하나님의 교회의 직원과 권세에 관하여
Of The Officemen And The Power Of Godis Kirk

[제231문] 구약시대에 그리스도께서는 교회를 건축하기 위해 어떤 직원들을 임명했습니까?

[답] 이스라엘 백성이 애굽에서 나오기 전에도 직원들이 있었고, 애굽에서 나온 후에도 직원들이 있었습니다.

[제232문] 누가 애굽에서 나오기 전에 직원이었습니까?

[답] 처음 태어난 맏형이 죄 때문에 하나님께서 버리지 않

았으면 나머지 형제들을 가르치고 다스릴 수 있는 제
사장이 되었습니다.

[제233문] 처음 태어난 맏형의 지위는 무엇입니까?

[답] 처음 태어난 맏형은 [첫째] 자기 형제를 다스리는 주
(主)이자 왕이었습니다(창 27:29). 둘째, 두 배의 상
속분을 가졌습니다. 셋째, 주님께 바쳐졌습니다(민
3:13).

**[제234문] 애굽에서 나온 후에 교회에는 어떤 직원이 있었
습니까?**

[답] 제사장, 레위인, 그리고 선지자가 있었습니다.

[제235문] 제사장에는 몇 가지 종류가 있었습니까?

[답] 두 종류, 곧 대제사장과 그 아래 직급의 제사장이 있
었는데, 이 둘은 모두 아론의 자손이었습니다.

[제236문] 대제사장의 특별한 직임은 무엇이었습니까?

[답] 대제사장은 우림과 둠밈으로 하나님의 뜻을 물어보
았으며(출 28:30), 일 년에 한 번 위엄 있는 옷을 입고

피를 담은 동이를 손에 들고서 지성소에 들어갔습니다(레 16:1-30).

[제237문] 그것은 무엇을 의미합니까?

[답] 방금 말한 이러한 일에서 대제사장은 그리스도의 모형이자 상징이었는데, 그리스도께서는 우리에게 우리의 구원에 관한 하나님의 계획을 가르쳐주었으며, 영광 가운데 하늘로 올라가서서 거기서 자기 피의 효능으로 우리를 위해 변호하고 계십니다(히 9:23-25).

[제238문] 그 때에 한 명의 대제사장 외에도 대제사장인 누군가가 있었습니까?

[답] 하나님께서 임명하신 대제사장은 한 명 외에는 아무도 없었습니다. 그렇지만 나중에는 타락으로 말미암아 동시에 많은 대제사장이 있었습니다(막 14:53).

[제239문] 대제사장 아래 직급의 제사장들은 어떤 사람들이었습니까?

[답] 그들은 24반열로 나누어진 아론의 자손들이었는데, 제비뽑기로써 한 반열씩 차례대로 주님께 제사를 드

리고 분향하였으며, 백성에게 하나님의 뜻을 가르쳤고(말 2:7), 그들에게 하나님의 복이 있기를 빌었으며, 그들을 위해 기도했습니다(민 6:23; 신 21:5; 대하 13:12).

[제240문] 레위인들은 어떤 사람들이었습니까?

[답] 레위인들은 레위의 자손들이었는데, 성전에서 제사장들을 섬겼으며, 성막을 운반했고, 제물을 바치는 일에 시중을 들었습니다(대하 35:10, 11; 민 3:5-43).

[제241문] 그 때에 레위인의 직급에는 몇 가지가 있었습니까?

[답] 네. 직급이 있었습니다. 1. 장막에서 시중을 들고 법궤를 나르는 레위인들. 2. 찬송하는 레위인들. 이들은 여러 악기로 신령한 노래를 부르면서 하나님을 찬양했습니다(대상 25:1, 6:32). 3. 문지기 레위인들. 이들은 하나님의 집 문들을 지키고 무할례자들의 접근을 막았습니다. 4. 서기관 레위인들과 재판관 레위인들. 이들은 율법을 낭독하고 그 뜻을 해석하였습니다.

[제242문] 느디님 사람 혹은 기브온 거민들은 어떤 사람들

이었습니까?

[답] 그 사람들은 여호수아 때에 하나님의 집을 위해 나무를 베고 물을 길음으로써 레위인들을 섬기도록 임명되었습니다(수 9:23; 스 2:70).

[제243문] 선지자들은 어떤 사람들이었습니까?

[답] 선지자들은 비밀들과 다가오는 일들을 예언하기 위해서, 그리고 '이스라엘 백성의 회개'를 권면하고 '장차 오실 그리스도 안에 주어질 죄 사함'을 선포하기 위해서 일으켜 세워진 하나님의 사람들이었습니다.

[제244문] 나실인은 어떤 사람들이었습니까?

[답] 나실인들은 당분간이든(민 6:2; 행 21:23) 인생동안이든 자신들을 구별하여 하나님께 바친 사람들이었습니다(삿 13:7; 삼상 1:22).

[제245문] 신약시대에는 어떤 직원들이 있습니까?

[답] 특별하게 가르치는 선생들, 즉 교회의 양육자들도 있고, 교회의 일을 처리할 수 있도록 도와주는 사람들도 있습니다.

[제246문] 신약시대에 가르치는 일에 수고하는 직원들은 어떤 사람들입니까?

[답] 사도들, 선지자들, 그리고 복음 전도자들과 같이 한 동안만 존속해야 하는 비상직원들도 있었고, 교사들과 목사들과 같이 세상 끝 날까지 오래 지속되어야 하는 통상직원들도 있습니다.

[제247문] 사도들은 어떤 사람들이었습니까?

[답] 사도들은 교회들을 창설하기 위하여 온 세상에 파송된 그리스도의 사신(使臣)들이었는데, 이들은 오류가 있을 수 없으며, 방언의 은사를 지녔으며, 이적들을 행함으로써 그리고 성령의 은사를 아낌없이 줌으로써 자신들의 가르침을 확증했습니다(요 15:27; 마 28:19; 행 1:8, 8:14).

[제248문] 선지자들은 어떤 사람들이었습니까?

[답] 선지자들은 말씀의 깊은 비밀들을 해석한 사람들이자, [마음속에] 숨어 있는 죄들을 알고서 현재의 양심 상태를 거론한 사람들이었습니다(고전 14:25).

[제249문] 복음 전도자들은 어떤 사람들이었습니까?

[답] 복음 전도자들은 사도들이 건설한 교회들에 물을 주어 굳건하게 하기 위해 사도들 자신이 기용한 사람들이었습니다.

[제250문] 교사들은 어떤 사람들입니까?

[답] 교사들은 하나님의 말씀을 해석하고 그 해석된 말씀[아마도 성경 해석을 통해 지니게 된 견해]을 학문적으로 가르쳐주는 사람들입니다.

[제251문] 목사들은 어떤 사람들입니까?

[답] 목사들은 회중으로 하여금 진리를 사랑하고 순종하게 하려고 설교함으로써 그리고 권면함으로써 회중의 마음과 감정에 수고하는 사람들입니다.

[제252문] 교회의 일을 처리할 수 있도록 도와주는 사람들은 어떤 사람들입니까?

[답] 그 사람들은 회중의 생활방식 전반(全般)을 감독하는 장로들과, 교회의 구호품을 보관하고 있다가 가난한 사람들에게 분배하는 집사들입니다.

[제253문] 교회의 권세는 어떤 권세입니까?

[답] 교회에는 교회의 남편인 그리스도께서 주신 권세가 있는데, 곧 진리의 말씀을 제시할 권세와, '누가 교회를 양육하고 다스려야 하는지 그리스도께서 자신의 말씀으로 정하신 직원들'을 '말씀에 적힌 바로 그 방식'을 따라 임명할 권세가 있습니다.

[제254문] 교회의 권세는 어떤 식으로 있습니까?

[답] 죄인들을 매기도 하고 풀어주기도 하는, 그래서 교회에 위임된 열쇠로 천국을 열기도 하고 닫기도 하는 것으로 있습니다.

[제255문] 천국은 어떻게 열리고 닫힙니까?

[답] 하나님 말씀을 선포함으로써 [하나님의] 자비는 회개하는 죄인들에게 약속되고, 이어서 회개하는 죄인들은 '교회의 기도'와 '은혜 언약의 증표(證票)들'에 참여하도록 허락됩니다. 반면에 [하나님의] 진노는 파렴치하고 공공연한 범죄자들에게 선언되고, 이어서 그런 범죄자들은 교회와 기도와 성찬식에서 축출됩니다.

[제256문] 모든 범죄자는 출교되어야 합니까?

[답] 아닙니다. 그렇지만 오직 공공연한 범죄자들만, 즉 죄에 관해서 훈계를 받고도 교회의 훈계에 귀를 기울이려고 하지 않은 사람들만이 출교되어야 합니다(마 18:17).

[제257문] 출교의 종류에는 몇 가지가 있습니까?

[답] 두 종류의 출교가 있는데, 하나는 죄의 몸을 멸하기 위한 치료 목적의 출교(딤전 1:20)이며, 다른 하나는 그리스도께서 오실 때까지도 교정할 수 없는 범죄자들을 철저하게 저주하는 형벌 목적의 출교(고전 16:22)입니다.

[제258문] 하나님께서는 누구에게 출교의 권세를 위임하셨습니까?

[답] 하나님께서는 그리스도의 이름과 권위로 함께 모인 신자들의 온 교회에 위임하셨는데, 목사는 교회의 이름으로 판결문을 낭독합니다. 달리 말하면 교회의 판결을 선언합니다(고전 5:4-5).

[제259문] 교회는 사죄할 무언가의 권세를 갖고 있습니까?[47]

[답] 교회는 외적인 뉘우침으로 말미암아 남은 얼마간의 징벌을 사면할 수 있으며(고후 2:7), 따라서 왕의 사자(使者)가 반역자가 왕의 사람이 되었다고 선언하는 것과 같이 죄가 용서받는다고 선언할 수 있습니다. 하지만 하나님만이 죄를 용서하십니다.

[제260문] 교회에는 어떤 방식으로 법을 제정할 권세가 있습니까?

[답] 교회에는 하나님의 율법을 하나님의 율법으로 확대 해석하여 설명할 권세가 있습니다. 하지만 교회의 법령은 양심을 속박하지 못합니다.

[제261문] 교회에는 외적인 통치와 관련하여 어떤 권세가 있습니까?

[답] 통치에 필요한 사항들은 하나님의 말씀에 충분히 그리고 분명하게 기록되어 있습니다(신 12:32; 잠 30:5-6; 히 2:3; 사 6:9, 22:22; 시 110:2; 사도행전; 디모데전후서; 디도서; 요 15:15).

[제262문] [그 자체가 선하지도 악하지도 않은] 중립적인 것과 관련해서 교회의 권세는 어떤 권세입니까?

[답] 교회에는 제도를 마련하되 사랑과 적절성과 경건성이라는 황금률에 따라서 마련할 권세가 있습니다.

[제263문] 중립적인 것이 교회법의 내용으로 있기에는 타당하지 않습니까?

[답] 참으로 아닙니다. 중립적인 것은 중립적인 것의 성질을 잃어서는 안 되며, 오히려 교회법으로 제정될 수 있기에 앞서 덕을 세우기에 유익하고 알맞으며 적합하게 되어야 합니다.

[제264문] 하지만 사람의 규범과 통치자의 권한이 중립적인 것을 유효하게 하고 합법적이게 할 수 있지 않습니까?

[답] 오직 하나님의 뜻만이 세상에 있는 모든 것을 유효하고 합법적이게 하거나 무효하고 불법적이게 합니다. 사람의 뜻과 권한은 확실히 그저 하나님의 뜻을 좇아서 선을 명하고 악을 금할 뿐입니다.

[제265문] 교회 일과 관련하여 관원의 권세는 어떤 권세입니까?

[답] 관원이 그리스도인인 한 그 관원은 몸의 지체로서 교회를 대상으로 교회와 함께 일할 수 있는 권세가 있습니다. 그리스도인이 관원인 한 그 그리스도인은 교회가 범죄자를 벌하도록 도와주어야 하고 자신의 권한으로 좋은 법들을 장려해야 합니다.

[제266문] 그런데 [교회를] 통치할 권세가 그리스도인 관원의 수중에 있지 않습니까?

[답] 아닙니다. 교회를 통치할 권세는 그리스도의 아내로서 '교회의 남편이자 주인인 그리스도'의 지배 아래 있는 교회에 있습니다.

[제267문] 모든 교회의 머리이자 최고 통치자는 누구이십니까?

[답] 오직 그리스도뿐이신데, 그리스도는 교회의 왕이십니다(골 1:18; 엡 1:22).

[제268문] 그렇다면 교회에서 베드로의 지위 혹은 로마 교

황은 무엇입니까?

[답] 베드로는 나머지 사도들 위에 군림할 어떤 권한도 받지 않았습니다. 오히려 베드로와 다른 모든 충실한 목사들은 하나님 왕국의 열쇠를 동등하게 받았습니다. 따라서 로마 교황은 바로 그 적그리스도입니다 (살후 2장).

[제269문] 그렇다면 로마 교회는 어떤 교회입니까?

[답] 로마 교회는 영적인 매춘부 사회의 어머니 교회이자 하나의 창녀이지, 그리스도의 아내가 아닙니다.

■ ■ ■ ■ ■ ■

제23장 _ [그리스도의] 구속이 적용되는 방식
[Way In Which Redemption Is Applied]

[제270문] 지금까지 구속이 적용되는 당사자들에 대해서 [다루었습니다. 그렇다면] 구속이 적용되는 방식은 무엇입니까?

[답] 그리스도께서 자신의 성령으로 자기 교회에게 이생

에서는 성도의 교통과 죄 사함을 주시고 내세에서는 몸의 부활과 영생을 주십니다.

[제271문] 성도의 교통이란 무엇입니까?

[답] 성도의 교통이란 하나님의 백성이 믿음으로 그리스도는 물론 그리스의 성령과도 친교를 갖는 것이며, 하나님의 백성이 자기들끼리 사랑으로 친밀하게 결합하는 것입니다.

[제272문] 하나님의 성령께서 우리를 그리스도와 하나 되게 하는 방식은 몇 가지입니까?

[답] 두 가지 방식, 곧 '내적 성화' 혹은 '중생'에 의한 방식과, '그리스도의 피로 말미암은 칭의'에 의한 방식이 있습니다.

[제273문] [내적] 성화란 무엇입니까?

[답] [내적] 성화란 말씀으로 우리 안에 그리스도의 생명을 심어서 우리 영혼의 모든 능력을 새롭게 하는 하나님의 성령의 사역입니다.

[제274문] 하나님께서 [내적] 성화에 맞춰 행하시는 사역은 무엇입니까?

[답] 하나님은 말씀으로 우리를 외적으로 부르십니다. 더 나아가 그 부르심에 순종할 수 있는 은혜를 우리 안에 주입하시는데, 이것이 하나님의 내적 부르심입니다.

[제275문] 외적으로 부름 받은 모든 사람이 하나님의 성령의 능력에 의해 내적으로 부름 받습니까?

[답] 아닙니다. 하나님은 자신의 말씀으로 많은 사람을 부르시지만, 그들은 여전히 무지하고 어두운 상태에 있으며, 아울러 죄에 사로잡혀 있는 채 살아갑니다.

[제276문] 많은 사람들이 외적으로 부름 받지만 결코 새로운 피조물이 되지 않는 데 반하여 확실히 그 부름에 따르는 사람들도 있는 것은 그 원인이 누구에게 있습니까?

[답] 하나님의 선하신 기뻐하심만이 하나님의 성령으로 말미암아 택함 받은 자녀들을 끌어당겨서 그들로 하여금 하나님의 거저 베푸시는 은혜로 나아오게 하며, 그 외의 사람들에게는 그들 스스로 마음이 강퍅해지

고 반역하게 내버려 두십니다(마 11:25, 26, 16:17, 18; 요 6:44; 행 13:48, 16:14).

[제277문] 하지만 우리가 내적으로 하나님의 성령에 의해 부름 받을 때, 우리는 하나님의 부르심을 거절할 수 있고 그리하여 우리의 회심을 방해할 수 있지 않습니까?

[답] 우리는 본성적으로 하나님의 부르심을 거절하는 경향이 있지만, 죽은 사람을 일으키시는 하나님의 전능하신 능력은 택함 받은 사람들 속에서 매우 은혜롭게 역사하시므로 그들은 하나님께서 그들을 끌어당기실 때에 달려올 수밖에 없습니다(아 1:3; 요 6:45; 엡 1:18, 19).

[제278문] 하나님의 전능함 외에 그 어떤 것도 우리를 새로운 피조물로 만들지 못하면, 우리가 말씀을 듣는 것은 헛수고입니까?

[답] 오직 하나님만이 밀물과 썰물, 그리고 바람을 생기게 하시기는 하지만, 뱃사람이 [그것들을] 기다리는 것은 헛된 일이 아니며, 오직 하나님만이 곡식을 자라게 하시기는 하지만 농사꾼이 경작하고 써레질하는

것도 헛된 일이 아닙니다.

[제279문] 우리가 새로운 피조물이 되기 전에 그 일을 거들 수 있는 일은 전혀 없습니까?

[답] 하나님을 움직여서 우리를 내적으로 부르게 할 일은 우리 자신에게 전혀 속하지 않으며, 유기된 자들도 역시 하나님을 움직일 수 없습니다. 이는 은혜로 말미암아 하나님께서 우리를 부르시지 행위로 말미암아 부르시지 않기 때문입니다.[48]

[제280문] 그렇다면 하나님의 유효한 부르심 이전에는 어떤 준비도 있을 수 없습니까?

[답] 그렇습니다. [우리 편에서는 준비할게 없습니다. 하지만] 하나님께서는 율법의 공포로 우리를 낙담시키시며, 우리로 우리의 비참한 상태를 보게 하십니다(행 2:37, 9:6).

[제281문] 신생(新生) 사역에서 우리는 하나님을 거들며 하나님과 함께 일하지 않습니까?[49]

[답] 전혀 아닙니다. 왜냐하면 신생의 첫 순간에 우리는

하나님의 성령의 지배를 받은 채 죽은 사람처럼 누워 있기 때문입니다. 그리고 하나님의 성령께서 우리 안에 하나님의 생명을 불어넣지만, 그래도 성령 하나님께서 우리를 새로운 피조물로 만드신 때에야 우리는 자발적으로 기꺼이 걸어갑니다.

[제282문] 어떤 사람이 하나님께서 자신을 새로운 피조물로 만드셨다는 것을 어떻게 알 수 있습니까?

[답] 1. 어떤 사람이 모든 일에서 기꺼이 하나님에게 순종하면, 그리고 하나님을 사랑하기 때문에 기꺼이 모든 죄와의 관계를 끊으면(행 2:37, 9:6; 시 40:8-9, 119편; 약 2:10), 2. 하나님의 말씀에 대한 그 사람의 사랑이 크면(벧전 2:2; 시 119:3), 3. 그 사람이 형제를 사랑하면(요 3:14), 4. 그리고 그 사람 안에 있는 하나님의 성령이 육신에 맞서 싸우면 [그 사람은 하나님께서 자신을 새로운 피조물로 만드셨다는 것을 알 수 있습니다.]

[제283문] 하지만 [중생하지 않은] 자연인의 경우에 그 양심이 죄에 대항하여 말할 수 있는 것 아닙니까? 게다가 자연인이 그 영혼 속에서 죄와 싸우면

서 죄를 범할 수 있는 것 아닙니까?

[답] 그렇지만 [1.] 자연인, 그 사람의 양심은 모든 죄에 대해서가 아니라 단지 가증스런 범죄에 대해서만 그 사람에게 대항하여 말합니다. 2. 자연인은 매일 죄를 범하기를 계속합니다. 3. [자연인의 영혼 속에] 싸움이 있음에도 불구하고 그 사람에게는 죄를 섬기는 즐거움이 있습니다. 4. 자연인은 재 밑에 숨겨진 불씨처럼 그저 어느 동안에만 죄를 억제하며, 게다가 자신의 욕망을 죽이려고 노력하지도 않습니다. 하지만 그런 일들 중 어느 것도 하나님의 자녀에게는 없습니다.

[제284문] 성화를 이루는 부분은 무엇입니까?

[답] 돌처럼 굳은 마음을 제거하고 죄를 죽이는 것과, 의를 사랑하도록 우리를 소생시키는 것입니다(겔 36:26-27).

[제285문] 돌처럼 굳은 마음은 어떻게 제거됩니까?

[답] 그리스도의 죽음의 공로로 말미암아 하나님께서는 [우리의] 죄를 죽이십니다. 아울러 (우리로 하여금) 그리스도를 죽인 우리의 죄에 대한 슬픔 때문에, 더 나아가 우리를 위해 죽으신 예수에 대한 사랑 때문에

우리의 죄를 미워하고 질색하게 하시며, 그런 까닭에 슬픔과 사랑은 죄의 몸을 십자가에 못 박는 대못입니다(롬 6:4, 6, 8:13; 갈 5:24; 요일 4:11; 고후 5:14).

[제286문] 우리는 어떻게 새로운 생명으로 소생합니까?

[답] 죽음에서 다시 사신 그리스도께서는 우리를 위해 새로운 생명을 공로로 얻으셨습니다. 그리고 그리스도의 성령께서는, 즉 죽음이 그리스도를 지배할 수 없도록 하고 그리스도가 하늘로 올라갈 수 있도록 하기 위해 그리스도를 삼일 만에 다시 살리신 그리스도의 성령께서는, [우리가] 하나님께 대하여 살게 하고 '그리스도께서 하나님 우편에 앉아 계시는 하늘'에 있는 것들을 추구하게 하기 위해서, 우리를 소생시키십니다(롬 6:9-10, 8:11; 골 3:1; 빌 3:10).

제24장 _ 회개에 관하여
Of Repentance

[제287문] 우리는 하나님의 외적 부르심에 어떻게 응답합니까?

[답] 우리는 회개와 믿음으로 응답합니다.

[제288문] 회개란 무엇입니까?

[답] 회개란 성령 하나님께서 우리 안에서 역사하신(슥 12:10; 행 5:31, 11:15; 딤후 2:25) 죄에 대한 경건한 슬픔 (고후 7:10; 시 51:17), 우리의 악한 길을 버리는 것(사 55:7; 겔 18:31), 그리고 우리의 온 마음을 다해(욜 2:12) 하나님에게로 돌아서는 것(렘 3:1, 31:8)입니다.

[제289문] 어떤 방식으로 하나님께서는 우리 안에서 회개를 일으키십니까?

[답] 하나님의 성령께서는 율법을 가지고서 우리로 하여금 우리가 이미 영벌을 받도록 결말이 나있다는 것을 알게 하시며, 복음을 가지고서는 우리로 하여금 그리

스도에게 자비를 간청하게 하십니다.

[제290문] 우리는 우리의 죄에 대하여 [하나님께 보상(補 償)함으로써] 하나님을 만족시킬 수 있습니까?[50]

[답] 우리가 사람들에게 잘못을 저지를 경우 그들에게 보상할 수 있으며 보상해야 하지만, [하나님에게 죄를 저지를 경우에는] 보상하거나 고통을 받음으로써 하나님을 만족시킬 능력이 전혀 없습니다. 오직 그리스도만이 그 일을 행하셨습니다(요일 1:8).

■ ■ ■ ■ ▦ ▦

제25장 _ 믿음에 관하여
Of Faith

[제291문] 믿음이란 무엇입니까?

[답] 믿음은 그리스도께서 죄인들을 위해 죽기 위해 세상에 오셨다는 지식에 대한 확신(딤전 1:15; 골 2:2), 그리고 구원을 얻기 위해 온 마음을 다해 그리스도를 의지하는 것과 꽉 붙잡는 것(요 1:12, 3:33; 딤전 1:15; 사

10:20; 롬 5:2)입니다.

[제292문] 여러분은 왜 믿음을 지식에 대한 확신이라고 부릅니까?

[답] 왜냐하면 우리가 무엇을 믿는지 알지 못하는데도 교회가 믿기 때문에 믿는 것은 결코 믿음이 아니며 어떤 확실한 근거도 없이 그저 맹목적으로 판단하는 것에 불과하기 때문입니다(고전 1:21, 4:6; 사 53:11; 요 6:69; 렘 31:34; 고후 3:18, 5:1;).

[제293문] 여러분은 왜 믿음을 하나님을 의지하고 꼭 붙잡는 것이라고 부릅니까?

[답] 왜냐하면 하나님의 말씀은 참되다고 믿는 것만으로는 구원받기에 충분하지 않기 때문입니다.

[제294문] 여러분은 그것을 어떻게 증명합니까?

[답] 왜냐하면 믿음은 마치 죄인이 혼자 힘으로 설 수 없는 절름발이이지만 그리스도를 자기 지팡이와 손잡이로서 의지해야 하는 것처럼 하나님을 의지하는 것이며 (사 10:20; 시 22:8, 37:5), 그리고 마치 피곤한 여행자가

여관에 오는 것처럼-그 여행자는 그곳에다 자기 짐을 내던집니다.-그리스도에게 오는 것이기(마 11:28; 요 6:37) 때문입니다.

[제295문] 그렇지만 하나님께서 말씀하신 것이 참되다고 믿는 것은 믿음이지 않습니까?[51]

[답] 그것도 믿음이지만, 그게 전부는 아닙니다. 우리는 그 약속의 선하심도 역시 믿어야 하는데, 그것은 교수대에 달려 있는 사형수가 봉인된 왕의 사면장(赦免狀)을 볼 때는 언제나 왕의 자비와 은혜를 믿는 데 반하여 그것을 보는 다른 사람들은 사형수의 마음만큼 감동받고 흥분하지 않는 것과 같습니다.

[제296문] 나로서는 그리스도께서 나를 위해 죽으셨다는 것을 믿어야 합니까?

[답] 네, 물론입니다. 하지만 여러분이 그렇게까지 되기 전에 맨 먼저 그리스도를 자비로우신 구주로서 꼭 붙잡아야 합니다.

[제297문] 하지만 그리스도께서 모든 사람을 위해서 죽지

않았기 때문에 그리스도께서 나를 위해 죽으신 것이 그분의 숨겨진 결의인지 어떤지 나는 어떻게 알 수 있습니까?

[답] 그리스도의 결의를 맨 먼저 알지 말고 여러분 자신의 결의를 맨 먼저 아십시오. 물에 빠져 반쯤 죽은 사람이 물가에서 자라는 튼튼한 나무를 꽉 움켜잡는 것처럼 여러분의 마음이 그리스도에게 착 달라붙고, 뒤이어서 그리스도를 고집할 수 있으면, 그리스도는 여러분을 꽉 붙잡을 수밖에 없습니다.

[제298문] 그런데 내가 그리스도께서 나의 자비로우신 구주인지 아닌지를 아직 확신할 수 있기 전에 그리스도를 나 자신의 자비로우신 구주로 삼는 것은 추정[52]이지 않습니까?

[답] 여러분 자신을 경멸하는 반면에 그리스도를 경복(敬服)하면서 겸손하게 여러분이 그리스도에게 나와서 그리스도를 소유하면, 이것만으로도 아주 충분한 소유입니다.

[제299문] 그것을 나에게 한층 더 분명하게 [설명하시겠습

니까?

[답] 왕이 굶주린 사람들에게 음식을 먹일 목적으로 저녁 식사를 준비합니다. 왕이 많은 걸인(乞人)들 속에다 금을 뿌립니다. 그때 굶주린 사람들과 걸인들이 "나는 나에 관한 왕의 마음을 알지 못한다."고 말하는 것은 온당하지 않고 "모든 사람이 왕에게로 걸어가서 먹고 절하며, 왕의 금을 거둬들이게 해 주세요"라고 말하는 것이 온당합니다.

[제300문] 하지만 그렇다면 택함 받은 사람들과 유기된 사람들이 모두 그리스도께서 자신들을 위해 죽으셨다고 믿지 않을 수도 있습니까?

[답] 어린 양이 태어나자마자 타고난 본능을 따라 많은 양들 가운데서 자기 어미를 알아보는 것과 마찬가지로, 하나님에게서 태어난 모든 사람은 은혜로 말미암는 은밀한 본능을 따라 그리스도가 자기 자신의 것인 줄 압니다. 그러나 유기된 사람들은 알지 못합니다. 그들 마음속에는 그리스도를 향한 애정이 항상 메말라 있고 활기가 없습니다.

[제301문] 그렇다면 유기된 사람들은 그리스도께서 자신들을 위해 죽으셨다고 믿어야 할 의무가 없습니까?

[답] 아닙니다. 유기된 사람들은 자신들이 할 수 없는 구원을 얻기 위해 온 마음을 다해 그리스도를 의지해야 합니다.

[제302문] 단 하루를 사는 유아라도 그 안에 인간의 본성을 지니고 있는 것처럼 일시적인 믿음도 참된 믿음의 성질을 지니고 있지 않습니까?

[답] 지니고 있지 않습니다.

[제303문] 왜 그렇습니까?

[답] 왜냐하면 유기된 사람들의 마음은 악하고 돌이 많은 땅이기 때문입니다(마 13:20). 그들의 기쁨과 믿음은 하나님의 권위에 뿌리를 내리거나 근거한 것이 아니라 복음에 수반하여 생기는 안락과 영예에 근거한 것입니다.

[제304문] 유기된 사람들은 천국에 이르는 길을 어느 정도

까지 갈 수 있습니까?

[답] 유기된 사람들은 성령의 능력으로 말미암아 천국 교
리를 알 수도 있고, 그 속에서 본성을 기쁘게 하는 약
간의 달콤함을 얻을 수도 있으며, 천국을 열망할 수
도 있으며(민 23:14; 히 6:4), 여러 가지 점에서 자신들
의 생활을 개선하고(막 6:20) 죄를 슬퍼할(출 9:27) 수
도 있습니다.

■ ■ ■ ■ ■ ▫

제26장 _ 칭의에 관하여
Of Justification

[제305문] 칭의란 무엇입니까?

[답] 칭의는 세상의 심판주[이신 하나님]께서, '믿는 죄인
들의 보증인으로서 그들을 위해 죽으신 그리스도'의
속죄로 말미암아, 그들을 죄 사함 받고 의롭다 함을
받은 것으로 여기시는 은혜로운 판결입니다.

[제306문] 하나님으로 하여금 죄인들을 의롭다고 하게 하

는 근본 원인은 무엇입니까?

[답] 그 근본 원인은 그리스도를 우리의 보증인으로 받아들이고 간주하시는 하나님의 거저 베푸시는 은혜입니다. 하나님은 우리의 선행이나 믿음 때문에 움직이지 않습니다.

[제307문] 백조나 눈의 순백함이 벽을 하얗게 할 수 없는 것을 고려해 볼 때, 어떻게 그리스도와 같은 다른 사람의 의가 우리를 의롭게 할 수 있습니까?

[답] 그리스도는 또 한 명의 인간 상속자가 아니고 보증인이십니다. 반면에 우리는 가난한 채무자인데, 보증인이 [채무자 대신 빚을] 갚을 때에는 언제든지 율법에 따라 채무자에게는 [빚이] 없습니다.

[제308문] 그렇다면 하나님의 성령의 은혜를 따라서 행해진 우리의 선행은 무엇입니까?

[답] 우리의 선행은 우리의 칭의를 일으키는 원인이 전혀 아니며(롬 4:18-20), 단지 우리의 믿음의 열매일 뿐입니다.

[제309문] 우리의 믿음은 칭의의 원인이 아닙니까?

[답] 우리의 믿음은 그리스도의 의를 붙잡는 손이요, 그리
스도를 우리에게로 끌어들이는 손입니다.

**[제310문] 하나님은 우리의 믿음 때문에 우리를 의롭게 하
지 않습니까?, 바꿔 말하면 믿음은 하나님 편에
서 [우리를 의롭게 하는] 무언가의 원인이나 수
단이지 않습니까?**

[답] 전혀 아닙니다. 왜냐하면 하나님께서는 십자가 위에
서 죽으신 그리스도를 보고서, 마치 택함 받은 모든 사
람이 하나님 자신을 완전히 만족시켰던 것처럼 그 사
람들을 의롭다고 판단하고 간주하시기 때문입니다.

**[제311문] 그렇다면 하나님의 판단으로는 택함 받은 사람
들이 믿기 훨씬 이전에 의롭다 함을 받고 그들
의 죄에서 자유롭게 된 것입니까?**

[답] 예, 확실히 그렇습니다. 이것은 바로 공작의 아들이
태어난 첫날 귀족이기는 하지만 그 자신이 귀족이라
는 것을 알지도 못하고 군주의 통치권을 지니고 있지
도 않는 것과 같습니다.

[제312문] 그렇다면 믿음의 일이란 무엇입니까?

[답] 믿음은 죄인의 양심으로 하여금 의를 얻기 위해 십자
　　가에 못 박히신 그리스도를 의지하게 하며, 그리고
　　[바로 이러한 믿음이] 하나님께서 칭의에서 우리에게
　　요구하시는 모든 것입니다.

**[제313문] 그렇다면 사랑, 경외, 소망, 그리고 선행이 없는
　　　　　단지 믿음만으로도 우리에게 충분합니까?**

[답] 그렇지 않습니다. 왜냐하면 눈이 보기만 하지만 머리
　　에 있어야 하고 얼굴과 귀와 함께 있어야 하는 것처럼,
　　믿음은 다른 모든 은사와 결합되어 있기 때문입니다.
　　그렇지만 믿음만이 그리스도의 의를 붙잡습니다.

[제314문] 우리의 칭의를 이루는 부분은 무엇입니까?

[답] 두 부분이 있는데, 첫째 부분은 우리의 죄를 우리의
　　것으로 계산하거나 돌리지 않는 것이며(롬 4:8), 둘째
　　부분은 그리스도의 의를 우리의 것으로 돌리는 것(고
　　후 5:21)입니다.

[제315문] 그런데 우리의 죄가 제거되는 것만으로도 충분

하지 않습니까?

[답] 충분하지 않습니다. 왜냐하면 파산(破産) 선고를 받은
　사람을 왕의 신하로 삼기 위해서는 그 사람의 빚이
　청산되어야 하며 아울러 그 사람은 부유한 자가 되어
　순결한 예복을 입고 있어야 하기 때문입니다.

[제316문] 우리는 얼마나 자주 의롭게 됩니까?

[답] 오직 한 번 뿐이지만, 그런 자비에 대한 인식은 종종
　새롭게 되어야 합니다.

**[제317문] 그럼 우리가 아직 죄를 범하기 이전에도 우리는
　죄에서 의롭다 함을 받습니까?**

[답] 칭의의 사역에서 하나님은 죄인들을 그들의 모든 죄
　가 없는 것으로 보시는데, 이는 그리스도께서 어음증
　서에 우리의 모든 빚을 옮겨 적고서 그 모든 빚을 갚
　으셨기 때문입니다. 즉, 율법이 직접 고소하여 쓴 우
　리의 죄목을 십자가 위에서 무효로 하사 찢으셨기 때
　문입니다(골 2:14-15).

[제318문] 우리는 왜 말씀에서 믿으라, 회개하라, 거룩하

라는 명령은 받지만 의롭다 함을 받으라는 명
령은 결코 받지 않습니까?

[답] 왜냐하면 하나님께서는 우리 안에 있는 어떤 일도
[고려함이] 없이 단독으로 그리고 전체에 걸쳐서 자
신의 사랑하는 아들 때문에 우리를 의롭다고 하시기
때문입니다.

■ ■ ■ ■ ■

제27장 _ 양자됨에 관하여
Of Adoption

[제319문] 우리의 칭의의 열매에는 어떤 것들이 있습니까?

[답] '양자됨'이 있으며 아울러 '구원의 확신'과 '그리스도인
의 자유'가 있습니다.

[제320문] 양자됨이란 무엇입니까?

[답] 양자됨이란 우리가 믿어 하나님과 화해를 한 후에 하
나님께서 우리를 자신의 아들로 간주하여 소중히 여
기는 것입니다(요 1:12; 롬 8:17, 29).

[제321문] 우리는 우리가 하나님의 양자가 된 것을 어떻게 알 수 있습니까?

[답] 우리가 우리 아버지께 기도할 수 있으면(슥 12:10; 롬 8:15; 갈 4:6), 우리의 됨됨이가 '우리의 아버지'와 '우리의 형제인 그리스도'와 닮아 있으면(마 5:48; 롬 8:29), 그리고 노예로서 받을 동산(動産) 때문이 아니라 상속자로서 받을 기업 때문에 [하나님을] 섬기고 있으면(롬 8:17, 23), 우리는 하나님의 양자가 된 것입니다.

■ ■ ■ ■ ■ ■

제28장 _ 소망에 관하여
Of Hope

[제322문] 우리가 하나님의 양자가 됨으로 맺게 되는 열매에는 어떤 것들이 있습니까?

[답] 우리는 하나님의 양자가 됨으로 말미암아 첫째로 기업을 소망할 수 있고(롬 8:23), 둘째로 기업을 얻기 위해 기도할 수 있습니다. 즉 기업에 이르게 해달라고 기도할 수 있습니다(롬 8:15).

[제323문] 소망이란 무엇입니까?

[답] 소망이란 영혼이 모든 환란을 당할 때에도 장차 나타 나게 될 영광을 흔들리지 않고 기다리는 것입니다(히 6:11).

[제324문] 소망은 어디에서 기인합니까?

[답] 소망은 하나님께서 그리스도 안에서 우리를 향해 베 푸신 사랑을 인식하는 데서 기인합니다(롬 5:1-2).

[제325문] 소망이 맺는 열매들은 무엇입니까?

[답] 인내(살전 1:3), 기쁨(히 3:16), 그리고 '순결하도록 조심 함'(요일 3:3)입니다.

■ ■ ■ ■ ■ ■

제29장 _ 기도에 관하여
Of Prayer

[제326문] 우리가 하나님의 양자가 됨으로 맺게 되는 다른 열매는 무엇입니까?

[답] 하나님의 양자가 됨으로 말미암아 우리는 하나님을 아바 아버지라고 큰 소리로 부르면서 하나님 아버지에게 [아주 자유롭게] 기도하게 되는데(롬 8:15), 이것은 지상의 육신의 자녀가 [그 아버지의] 자녀이기 때문에 자기가 필요로 하는 모든 것을 자기 아버지에게 요구하는 것과 같습니다.

[제327문] 기도란 무엇입니까?

[답] 기도란 우리의 구원을 위해서든 하나님의 영광을 위해서든 우리가 필요로 하는 모든 것을 그리스도의 이름으로(요 13:14)[53] 하나님께(시 50:21)[54] 믿음으로(약 1:6) 겸손히 간구하는 것입니다.

[제328문] 기도는 누가 해야 합니까?

[답] 모든 사람이 기도하라는 명령을 받았습니다.

[제329문] 성인(聖人)들과 천사들도 우리를 위해서 기도합니까?

[답] [아닙니다.] 그들은 하나님을 찬양하고 부활의 날과 하나님의 적들의 멸망을 바라지만(계 6장), 우리 개인

이 필요로 하는 것들을 알지 못합니다. 우리도 그들에게 기도로 도와주기를 구해서는 안 됩니다.

[제330문] 우리는 누구에게 기도해야 합니까?

[답] 우리는 오직 하나님에게만 기도해야 하며(시 50:21)[55] 성인(聖人)들에게도 천사들에게도 기도해서는 안 되는데, 이는 하나님께서는 자신에게 속하는 경배의 영광을 어떤 피조물에게도 주지 않고 오직 자신에게만 돌리려고 하시기 때문입니다(롬 10:13-14; 렘 17:5; 마 4:10).

[제331문] 기도의 가장 좋은 준칙은 무엇입니까?

[답] 하나님의 말씀에 있는 성도들의 기도입니다. 특히, 그리스도께서 우리에게 가르쳐주신 바로 그 기도, 곧 "하늘에 계신 우리 아버지여…"입니다.

[제332문] 그리스도께서 가르쳐주신 기도에는 몇 가지 간구가 있습니까?

[답] 이 기도에는 여섯 가지 간구가 있는데, [처음] 셋은 하나님의 영광을 위한 간구이고, 나머지 셋은 감사와

더불어 우리 자신의 필요를 위한 간구입니다.

[제333문] 첫째 간구를 이루는 부분은 무엇입니까?

[답] 첫째 간구는 우선 [우리의] 모든 기도가 누구를 향하
게 되는지를 가르쳐주고, 그리고 나서 간구의 내용을
언급규정합니다.

[제334문] 무슨 이유로 여러분은 하나님을 '우리 아버지'라고 부릅니까?

[답] 왜냐하면 우리는 기도할 때 '경외하는 마음'과 '믿음'을
가지고 자녀가 자기 아버지 무릎까지 가듯이 하나님
께 가되 우리 형제에 대한 사랑을 가지고 가야 하기
때문이며, 그리스도 안에서 우리를 자녀 삼으신 하나
님에게 자녀의 말로 말씀드려야 하기 때문입니다.

[제335문] 여러분은 왜 하나님을 '하늘에 계신' 아버지라고 부릅니까?

[답] 왜냐하면 우리는 겸손히 우리 자신을 벌레라고 그리
고 땅위에서는 나그네라고 생각해야 하기 때문이며,
더 나아가 기도할 때에 마음이 하늘을 향한 채로 하

나님의 능력을 신뢰하고 하나님의 영광을 숭상해야
하기 때문입니다.

[제336문] 그런데 하나님은 천국에 뿐만 아니라 모든 곳에 계시지 않습니까?

[답] 그렇습니다. 하나님은 하늘과 땅에 충만하십니다. 그
렇지만 하늘은 하나님의 집과 보좌로 불려지는데, 이
는 거기서 하나님께서 성도들과 천사들에게 자신의
영광을 충만히 나타내시기 때문입니다.

[제337문] 여러분은 이 사실에서 무엇을 배웁니까?

[답] 여기 있는 우리가 우리 주님에게서 멀리 떨어져 있는
것처럼 보인다는 점을 생각하면, 우리의 할 일은 [고
통 중에도 천국을 바라보면서] 하나님의 집에 거하기
까지 애통해 하는 것임을 배웁니다.

[제338문] "당신의 이름이 거룩히 여김을 받으시오며" 하는 첫째 간구에서 여러분은 무엇을 구합니까?

[답] 우리는 하나님께서 모든 사람으로 하여금 하나님을
알게 하사 하나님의 거룩한 속성, 말씀, 그리고 사역

때문에 하나님을 영화롭게 하기를, 우리가 거룩한 삶으로 하나님을 영화롭게 할 수 있게 하기를, 그리고 하나님의 이름을 더럽히는 하나님의 적들이 멸망되기를 기도합니다.

[제339문] 그런데 우리는 하나님의 이름을 그 이름에 있는 거룩함보다 더 거룩하게 할 수 있습니까?

[답] 아닙니다. 하지만 우리에게는 사악한 자들이 우리 주님을 영광의 보좌에서 끌어내리려 할 때에도 영광의 보좌에 계시는 우리 주님을 찬양할 수 있는 그 정도의 특권과, 우리 주님의 영광이 모든 사람에게 나타나기만을 바랄 수 있는 그 정도의 특권이 주어져 있습니다.

[제340문] "당신의 나라가 임하옵시며" 하는 둘째 간구는 무엇을 의미합니까?

[답] 이 둘째 간구에서, 하나님의 영광을 위한 열심으로 말미암아 우리는 하나님께서 교회를 모으시기를 바랍니다. 그리고 말씀과 성례와 권징에 사탄과 세상과 육신을 대적하는 하나님의 성령이 함께 하기를 바라

며, 마침내 하나님께서 하나님의 그리스도께서 자기 교회와 결혼할 수 있도록 영광 가운데서 오시기를 바랍니다.

[제341문] "당신의 뜻이 이루어지이다" 하는 셋째 간구에서 여러분은 무엇을 구합니까?

[답] 우리가 하나님께서 작정하신 것이라고 알고 있는 것에 우리 자신을 복종시킬 수 있도록, 그리고 천사들이 하늘에서 하나님을 섬기는 대로, 우리와 다른 모든 사람이 하나님의 말씀 안에서 하나님의 뜻에 기꺼이 복종할 수 있도록, 우리는 우리 자신의 뜻과 세속적인 동기를 거절할 수 있는 은혜를 받기를 바랍니다.

[제342문] 이 셋째 간구에서 우리는 어떤 감정을 가져야 합니까?

[답] 1. 주님께서 우리의 죄 때문에 화를 내신다 하니 경건하게 슬퍼해야 합니다. 2. 우리의 뜻은 모든 곤경 중에서도 하나님에게 불평하지 않고 하나님의 뜻에 의거해야 합니다. 3. 족쇄가 채워진 죄수들처럼 우리는 우리가 더 이상 죄를 범하지 못하는 곳에 있기를 간

절히 바라야 합니다.

[제343문] 하지만 하나님의 뜻에 맞서서 싸울 수 있는 어떤 사람에게 하나님의 뜻이 이루어지지 않는 일이 일어날 수 있습니까?

[답] 하나님의 의로운 작정은 영원히 서 있을 것입니다(사 14장; 시 33편). 하지만 죄인들은 하나님의 말씀에 [계시된] 하나님의 뜻을 행하지 않으며, 그들이 하나님의 거룩한 결정사항들을 알고 있을 때에도 항상 그 결정사항들에 만족하지도 않습니다.

[제344문] 하나님의 작정과 하나님의 말씀에 계시된 하나님의 뜻 사이에는 어떤 차이점이 있습니까?

[답] 하나님의 작정에서 하나님은 자신이 친히 행하려고 하는 것을 정하시며, 계시된 뜻과 율법에서는 우리가 종종 행하지 않기는 하지만 우리가 행해야 하는 의무를 정하십니다.

[제345문] "오늘날 우리에게 일용할 양식을 주옵소서." 하는 넷째 간구에서 여러분은 무엇을 구합니까?

[답] 우리가 천국에 이르는 우리의 여정에서 도움을 받을 수 있도록, 건강과 잠으로 말미암아, 더 나아가 집과 선한 관원들과 맑게 갠 날씨로 말미암아 하나님을 찬송하게 될 수 있도록 우리는 하나님에게 음식과 의복을 주시기를 간정히 바라며 아울러, '사람과 짐승의 수고'와 '기쁨을 주는 합법적인 일'에 복주시기를 간절히 바랍니다.

[346문] 여러분은 왜 우리에게 '보답하라'고 말하지 않고 '주소서'라고 말합니까?

[답] 왜냐하면 우리는 하나님의 손에서 아무것도 받을 자격이 없기 때문이며, 우리의 획득으로도 우리의 혈통으로도 아닌[56] 오직 하나님의 거저 주시는 선물로 말미암음으로만 우리는 땅에서 영적 권리를 얻기 때문입니다.

[제347문] 그런데 우리의 곳간과 집과 식탁이 먹을 것으로 가득하면, 그때에도 우리는 기도할 필요가 있습니까?

[답] 예, 참으로 그렇습니다. 왜냐하면 하나님께서 우리의

양식을 저주할 수도 있고 돌로 바꾸어 놓을 수도 있기 때문입니다. 그리고 손에 하나님의 창조물들을 잡고 있으면서도 기도함으로써 하나님에게 '[그것들을 사용할] 자유'를 청하지 않는 사람은 도둑이기 때문입니다.

[제348문] 여러분은 무엇 때문에 '오늘날'이라고 말합니까?

[답] 왜냐하면 우리는 배고플 때마다 기도해야 하기 때문이며, 하나님께서는 우리에게 내일을 위해 자신의 섭리를 믿으라고 요구할 것이기 때문입니다.

[제349문] 여러분은 왜 '일용할 양식'만 구합니까?

[답] 왜냐하면 우리의 마음은 탐욕을 따라가서는 안 되고 우리의 현재 식사와 양식과 의복으로 만족해야 하기 때문입니다.

[제350문] 왜 이생에서 필요한 모든 것을 '양식'이라고 부릅니까?

[답] 하나님께서는 우리에게 체력 [유지]에 충분한 것으로 말미암아 감사할 것을, 그리고 우리의 죄 많은 육신

의 욕망을 만족시키는 것을 얻으려고 애쓰지 말 것을
가르치기 위해서 그렇게 말씀하신 것입니다.

[제351문] 그 양식이 하나님의 양식이라는 사실로 보건대, 여러분은 무엇 때문에 그 양식을 '우리의 양식' 이라고 부릅니까?

[답] 왜냐하면 우리는 합법적인 소명에 따라 그 양식을 얻기 위해 부지런히 일해야 하는데, 그렇지 않으면 우리는 우리의 양식을 훔치기도 하고 부당하게 획득하기도 하기 때문입니다. 그리고 게다가 우리는 그리스도 안에서 그 양식을 우리의 것으로 삼아야 하는데, 그렇지 않으면 우리는 하나님의 것을 도둑질하기 때문입니다.

[제352문] "우리의 죄를 사하여 주옵소서" 하는 다섯째 간구의 의미는 무엇입니까?

[답] 모든 사람을, 심지어 우리의 원수들조차 용서하는 사랑 때문에, 그리고 우리의 자백된 죄에 대해서 통절히 느끼게 되는 중압감 때문에, 우리는 하나님께서 그리스도 때문에 거저 우리의 죄를 용서해 주시고 그리스

도의 피로 우리를 씻어 주시기를 청합니다(시 51편).

[제353문] "우리를 시험에 들게 하지 마옵소서" 하는 마지막 간구에서 우리는 무엇을 구합니까?

[답] 우리는 믿음과 은혜가 성장하기를, 그리하여 사탄과 죄에 대항할 수 있고, 모든 곤경에 즉 '우리 자신이 연약할 때에 유혹으로 있는 해악과 고통'에 맞설 수 있는 힘이 우리에게 있기를 간절히 원합니다.

[제354문] 감사 기도인 "하나님의 나라와 권세와 영광이 아버지께 영원히 있사오니"라는 말은 무슨 뜻입니까?

[답] 우리는 하나님을 우리의 왕으로 찬양합니다. 그리고 우리 구원의 영광은 하나님에게 속하기 때문에, 우리는 하나님께서 기꺼이 강력하게 우리를 도우실 수 있다고 확신합니다.

[제355문] '아멘'이란 말은 무슨 뜻입니까?

[답] 그것은 "나는 그것이 내가 기도한 대로 그와 같이 이루어지리라고 믿습니다."는 의미로 말합니다.

제30장 _ 금식에 관하여
Of Fasting

[제356문] 기도의 유형에는 몇 가지가 있습니까?

[답] 언제든지 드리는 일상적인 기도도 있고, 금식과 같은 특별한 기도도 있습니다.

[제357문] 금식이란 무엇입니까?

[답] 우리의 영혼이 몹시 괴로워하면서 우리의 죄를 애통해 할 수 있도록, 음식과 음료와 모든 합법적인 즐거움을 끊는 것입니다(출 33:4-5; 욜 2:16).

[제358문] 우리는 언제 금식해야 합니까?

[답] 우리는 교황주의자들이 행하는 바와 같이 정해진 때에 금식해야 하는 것이 아니라, 신랑이신 그리스도께서 떠나 계실 때는 언제나(눅 5:35) 그리고 우리가 심각한 죄 속에 묻혀 있을 때에 금식해야 합니다.

[제359문] 우리는 언제 기도해야 합니까?

[답] 우리는 교황주의자들이 행하는 바와 같이 정확히 정해진 시간에 기도해야 하는 것이 아니라 모든 경우에 기도해야 합니다(살전 5:17).

[제360문] 우리는 어디서 기도해야 합니까?

[답] 교황주의자들이 행하는 바와 같이 신성한 무덤에서가 아니라 모든 곳에서 기도해야 합니다(딤전 2:8).

■ ■ ■ ▦ ▧

제31장 _ 우리 구원의 확신에 관하여
Of The Certaintie Of Our Salvation

[제361문] 우리 칭의의 두 번째 열매는 무엇입니까?

[답] 우리의 구원은 그 자체로 틀림없으며, 따라서 우리는 우리의 구원이 틀림없다고 확신할 수 있습니다.

[제362문] 우리가 계속해서 은혜의 상태에 있다는 근거는 무엇입니까?

[답] 하나님 안에 있는 근거도 있고, 우리 자신 속에 있는

근거도 있습니다.

[제363문] [우리의] 구원을 확신하는 하나님 안에 있는 근거들은 무엇입니까?[57]

[답] 하나님께서 우리를 구원하기로 작정하셨다는 것(요 17:2, 6, 6:37; 롬 8:29, 11:7; 마 24:24), 우리에겐 하나님의 능력(마 10:28; 벧전 1:5), 하나님의 약속과 언약(렘 32:40-41), 하나님의 맹세(히 6:17; 렘 31:35-37; 호 2:19; 사 59:21)가 있다는 것, 그리고 그리스도께서 우리의 믿음이 없어지지 않도록 우리를 위해서 기도하신다는 것(요 17:15; 히 9:24; 요 11:22)입니다.

[제364문] [우리의 구원을 확신하는] 우리 속에 있는 근거들은 무엇입니까?

[답] 하나님의 성령께서 끝까지 우리 안에 거하신다는(요 4:14, 16:13; 겔 36:27; 요일 3:9) 것입니다.

[제365문] 하지만 하나님께서는 우리가 우리의 의무를 다한다는 조건으로 우리를 은혜 안에 계속 머물러 있게 하겠다고 약속하지 않았습니까?

[답] 그렇습니다. 하나님께서는 우리를 불러서 자신의 은
총으로 우리의 의무를 다해주겠다고 약속했습니다(렘
32:40-41). 그러므로 하나님께서는 언약에 따른 자신의
의무뿐만 아니라 우리의 의무도 완수하십니다.

**[제366문] 그럼 그때 [우리의 구원의 완성과 관련하여 우
리 편에서] 해야 할 모든 일을 우리 구원의 하나
님에게 맡겨도 좋지 않습니까?**

[답] 하나님께서는 자신의 성령을 통해서 우리로 하여금
두렵고 떨림으로 우리의 구원을 이루어 가도록 애쓰
게 하시는데, 이것은 하나님의 성령의 역사이면서 동
시에 우리를 [은혜 안에] 계속 머물러 있게 하는 확실
한 수단입니다(빌 2:13; 시 1:2; 눅 8:15).

**[제367문] 우리가 참으로 은혜 안에 머물러 있음을 우리는
어떻게 확신할 수 있습니까?**

[답] 하나님의 성령께서 우리의 영과 더불어 우리가 하나
님의 자녀이며 상속자라고 증언하십니다(롬 8장).

[제368문] 하나님의 성령의 증거는 무엇입니까?

[답] 그것은 하나님의 성령의 소리인데, 이 소리는 하나님의 말씀과 함께 하며, 그리하여 [내] 마음에 말씀하기도 하고 마치 나를 지명하여 새 언약이 내게 기록되고 말해진 것처럼 하나님의 모든 약속이 내 것이 되도록 하기도 합니다.

[제369문] 우리 영의 증거는 무엇입니까?

[답] 아내가 남편의 목소리를 식별하듯이 다른 사람들로 하여금 남편의 목소리를 식별하게 할 수 없을지라도 자신은 수천의 모르는 사람들 속에서도 남편의 목소리를 식별할 수 있는 것처럼(아 2:8), 우리 영의 증거는 나의 새롭게 된 생각과 마음이 '그리스도 안에서 나를 향한 하나님의 변치 않는 사랑'에 대해서 가지고 있는 지식과 지각입니다.

[제370문] 그럼 그 지식이 여러분을 속이지 않는다는 것을 알게 해 주는 영혼의 표시와 표지는 무엇입니까?

[답] 나는 보배를 발견한 사람처럼 기뻐하며(행 8:39, 9:17; 벧전 1:8), 더 나아가서 왜 내 하나님께서 다른 사람들보다 나를 사랑해야만 하는지 궁금해 합니다(요 4:29,

14:12; 행 9:21). 나는 하나님의 사랑을 사모하고 갈망
하여서 하나님의 뜻을 행하며(아 1:7, 5:8; 시 116:12; 요
일 4:9; 고후 5:1-2; 빌 2:2-3), 아울러 하나님 때문에 이
세상을 아무것도 아닌 것으로 여깁니다(벧전 2:11; 마
13:44).

**[제371문] 그렇다면 하나님의 보증금을 받는 것과 약속의
성령을 통해 구속의 날까지 이행되는 것은 무
엇입니까?**

[답] 하나님께서 내게 보증금으로서 성령의 은혜들을 주
셨으므로 나는 영광을 받을 것입니다. 그리고 밀봉
되어 인 쳐진 편지처럼 내 영혼에는 보증금인 성령의
모든 능력으로 그리스도의 형상이 새겨져 있습니다.

[제372문] 이것의 결과는 무엇입니까?

[답] 나는 하나님께서 친히 하신 약속을 후회하지도 않고
자신의 보증금을 잃지도 않으심을 확신하고, 게다가
그 어떤 것도 하늘 왕의 위대한 봉인을 깨뜨릴 수 없
음을 확신합니다.

제32장 _ 유혹에 관하여
Of Temptatiounes

[제373문] 하나님의 자녀들은 극악한 죄에 빠질 수 없습니까?

[답] 그렇습니다. 하나님께서 [간섭하지 않고] 그 죄를 허용하실 때 그들은 참으로 종종 넘어집니다. 하지만 주님께서는 그들 아래에 손을 넣어서 그들을 다시 일으켜 세우십니다.

[제374문] 하나님의 자녀들은 [넘어지는] 그때 뿐만 아니라 평소에도 하나님의 은총을 의심하려고 하지 않습니까?

[답] 확실히 그렇습니다.

[제375문] 우리가 [우리] 죄를 비롯하여 하나님의 은총이 없음을 자각하고 있을 경우에는 무엇을 해야 합니까?

[답] 우리는 [우리] 죄를 고백하고 회개할 때까지 우리 눈을 잠들게 해서는 안 되며, 더 나아가 '우리를 잊을 수

없는 하나님'(사 49:15)의 '언약(사 54:7-8)과 자비하심'
에 맞추어서 간청해야 합니다.

[제376문] 그럼 그러한 때에 우리는 그러한 상태에 이를 리가 없습니까?[58]

[답] 어두운 집에서 문도 창문도 볼 수 없지만 문을 향해
손으로 더듬어 가는 사람처럼, 그때에 우리는 하나님
에 대하여 충분히 생각해야 하고, 여전히 믿어야 하
며 게다가 예전에 우리 자신 뿐만 아니라 다른 사람
들도 겪었던 경험에 의지해야 합니다.

[제377문] 우리는 어떻게 하면 곤경 중에 위로를 받을 수 있습니까?

[답] 우리가 우리를 치시는(사 26:11; 욥 5:6; 암 3:6) 하나님
의 [능하신] 손아래서 스스로를 낮추면서(약 4:10; 벧전
5:6; 삼하 15:26), '경건의 수단으로 사용된 고난들'로 말
미암는 선한 열매를(시 119:67; 호 5:15; 벧전 1:7) 상기
하면, 게다가 그 고난들 때문에 우리가 우리 구원의
주와 같이 된 줄을 알고(히 2:18, 4:15) 우리가 사생자
가 아니라 하나님의 자녀인 줄을(히 12:7) 잘 알면 [우

리는 역경 중에도 위로를 받을 수 있습니다.]

[제378문] 우리가 어떻게 하면 세상을 이길 수 있습니까?

[답] 믿음(요일 5:5), 인내(눅 21:19), 사람들 앞에서 선한 양
심(마 5:16; 벧전 3:16)을 가짐으로써 이길 수 있습니다.

[제379문] 우리가 어떻게 하면 사탄을 이길 수 있습니까?

[답] 우리는 하나님의 전신 갑주를 입어야 합니다.

[제380문] 하나님의 전신 갑주란 무엇입니까?

[답] 엡 6:14에 따르면, 1. 우리가 행하는 모든 일에서 진리
와 진실이라는 허리띠 혹은 혁대. 2. '죄와 사탄과 세
상'이 퍼부을 수 있는 모든 말에 대비하여 가슴 위에
붙이는 [흉배라는] 의와 선한 양심. 3. '하나님과 화해
했다는 확신'이 있고 '우리의 길을 막고 있는 모든 고
통거리를 지나 하늘로 간다는 목적'이 있는 [복음이란]
군화가 신겨진 우리의 발. 4. 한 손에 든 믿음[이라는
방패]와, 다른 손에 든 '죄라는 매듭과 끈을 끊을 수 있
는 하나님의 말씀[이라는 검]'. 5. [하늘] 영광을 바라보
고 기다리는 '머리에 쓴 [투구라는] 소망'입니다.

[제381문] 우리는 이런 전신 갑주를 어떻게 얻을 수 있습니까?

[답] '진지한 기도'와 '완전히 맑은 정신으로 경계'를 함으로써 얻을 수 있습니다.

[제382문] 우리는 우리 마음에서 일어나는 유혹을 어떻게 물리칠 수 있습니까?

[답] 이런 전신 갑주를 입고서, 우리가 '죄에 대한 생각들'을 사랑하지 않고 그 생각들을 그 싹이 틀 때부터 근절시키면, [우리 마음에서 일어나는 유혹들을 물리칠 수 있는데,] 이는 '죄에 대한 생각들'은 연약한 작은 새를 잡기 위해 끈끈이를 바른 잔가지[59]와 같기 때문입니다.

[제383문] 우리가 유혹에 넘어간 줄을 어떻게 알 수 있습니까?

[답] 우리가 우리를 유혹하는 것들을 기뻐하고 승낙하고 실행하면 [우리는 유혹에 넘어간 것입니다.] 그렇지만 우리가 그것들에 맞서 저항하고 기도하고 그것들을 미워하면, 그것들이 우리에게 다가온다 해도 그럼

에도 우리는 이길 수 있게 됩니다.

■ ■ ■ ■ ■

제33장 _ 그리스도인의 자유에 관하여
Of Christian Libertie

[제384문] 칭의의 세 번째 열매는 무엇입니까?

[답] 우리 그리스도인의 자유입니다.

[제385문] 우리 그리스도인의 자유는 어떤 식으로 있습니까?

[답] 우리가 율법과 죄의 저주에서 자유롭게 되는 것과, 사람들의 계명들과 모든 의식법에서 자유롭게 된다는 것으로 있습니다.

[제386문] 가치중립적인 것들과 관련하여 우리의 자유는 무엇입니까?

[답] 우리가 다른 사람들의 양심을 상하게 하지 않으면 우리는 가치중립적인 것들을 사용할 수도 있고 사용하지 않을 수도 있습니다(롬 14:13; 고전 8:13).

제34장 _ [마지막 심판에 관하여]
Of [Last Judgement]

[제387문] 지금까지 이생에서 획득되고 적용된 구속에 대해서 말했습니다. 그렇다면 우리의 구속은 언제 완전히 완성될 것입니까?

[답] 그런 이유 때문에 구속의 날이라고 불리는 마지막 날입니다.

[제388문] 그 날은 언제가 될 것입니까?

[답] 하나님께서는 우리가 깨어 있어 기도할 수 있도록 우리에게 그 날에 대한 지식을 끝까지 알리지 않았습니다(마 24:22-36; 눅 21:34-35; 살전 5:2-3).

[제389문] 그럼 마지막 날에 앞서 어떤 징조들이 주어집니까?

[답] 많은 사람이 믿음에서 멀어질 것이며, 거짓 그리스도들이 일어날 것이며, 사람들의 사랑이 식어질 것이며(마 24장), 그리고 '[천재지변과 전쟁으로 말미암은] 비극적인 죽음'과 전염병이 발생할 것입니다.

[제390문] 누가 심판주가 될 것입니까?

[답] 사람이신 그리스도께서 심판주가 되실 것입니다(행 10:42, 17:31). 이것은 우리에게 큰 위로가 되는데, 이는 우리의 보증인이 [심판대에] 앉으셔서 자신이 친히 갚으신 빚에 대하여 판결을 내리실 것이기 때문입니다.

[제391문] 어떤 점에서 그리스도께서는 처음으로 [나타나] 보이실 것입니까?

[답] 그리스도께서 무수히 많은 천사들과 함께 하늘들을 통과하여 오시는 것과 자신의 심판이 위엄 있고 완전 무결함을 나타내기 위해 희고 큰 보좌에 앉으시는 것이 모든 살아 있는 사람의 눈에 보일 것이라는 점에서입니다.

[제392문] 그럼 그리스도께서는 제일 먼저 어떤 일을 하실 것입니까?

[답] 그리스도께서 임하실 때에 '땅'과 '땅에서 행한 일들'은 불에 타게 될 것이며, 하늘들은 두루마리[가 말리는 것] 같이 찢어질 것입니다. 그리고 힘센 천사들의 소

리와 외침으로 그리스도께서는 모든 죽은 사람을 일으키실 것입니다.

[제393문] 그리스도께서 오실 때에 살아 있는 사람들은 어떻게 될 것입니까?

[답] 그들은 죽지 않고 [순식간에 홀연히 다] 변화될 것인데, 이런 일은 죽음 대신 그들에게 일어날 것입니다.

[제394문] 그 후에 그리스도께서는 어떤 일을 하실 것입니까?

[답] 그리스도께서는 모든 민족을 자기 앞으로 소환하실 것이며(마 25:32; 계 1:7) 그러고 나서 그들을 분류하여 악한 사람들은 자기 왼편에 경건한 사람들은 자기 오른편에 세우실 것입니다.

[제395문] 그리스도께서는 어떤 방식으로 [심판을] 진행하실 것입니까?

[답] '하나님의 작정의 책'과 '[여호와 앞에 있는] 기억의 책'(말 3:16)과 '모든 사람에게 있는 양심의 책'이 펼쳐질 것이며, 그러면 모든 사람은 그들 자신의 행위에 따라서 심판을 받게 될 것입니다(계 20:12).

[제396문] 그리스도께서는 자기 교회에게 어떤 복을 주실 것입니까?

[답] 그리스도께서는 그리스도 안에서 죽은 사람들을 제일 먼저 일으키셔서 그들의 몸을 자기 자신의 영광스러운 몸과 같은 몸으로 만드실 것이며, 자기 앞에서 그들을 죄가 없다고 소개하여서 그들을 자기에게로 영접할 것입니다(요 14:2-3).

[제397문] 악한 사람들은 어떤 상태로 있게 될 것입니까?

[답] 심판주께서는 악한 사람들에게 "저주 받은 너희는 [나를 떠나] 영원한 불 속으로, 곧 마귀와 그 사자들을 위해 준비되어 있으며 더 나아가 그들의 영원한 거주단지가 될 영원한 불 속으로 들어가라"고 말할 것입니다.

제35장 _ 성례에 관하여
Of Ye Sacramentis

[제398문] [지금까지] 믿음의 교리에 대해서 말했는데, 그
렇다면 이 교리를 확증해 주는 보증인(保證印)
은 무엇입니까?

[답] 성례입니다. 성례는 하나님의 은혜에 대한 물질적이
고 외적인 보증입니다.

[제399문] 성례는 어떤 목적으로 제정되었습니까?

[답] 우리의 비틀거리는 [연약한] 믿음을 강하게 하고 더
깊게 하기 위해 제정되었습니다.

[제400문] 바로 위 답변에서 우리는 무엇을 배웁니까?

[답] 우리 주님은 보증이 없으면 자신의 맹세와 말씀을 믿
으려고 하지 않는 자기 자녀들에게 자비로우시며 인
정이 많으시다는 것과, 하나님의 보증을 받아들이지
않은 사람들은 저주받는다는 것을 배웁니다.

[제401문] 성례를 제정할 권한은 누구에게 있습니까?

[답] 오직 그리스도에게만 성례의 핵심인 은혜를 베풀고 약속할 수 있는 권한이 있습니다.

[제402문] 성례의 목적과 열매는 무엇입니까?

[답] 왕에게서 '보증인(保證印)이 있는 양도증서'를 받은 사람이 땅을 하사받고서 왕의 봉신(封臣)으로 있겠다고 맹세하는 것과 같이, [성례에서] '그리스도께서 우리에게 자기 자신을 주신다.'는 것과 '우리가 그리스도를 우리의 구속주로 맞이하겠다고 약속한다.'는 것은 우리가 그리스도와 갖는 교제를 확증합니다.

[제403문] 성례 안에 어떤 내적 효능이 있어서 우리가 잠자고 있을지라도 성례는 그 자체로써 우리에게 은혜를 줍니까?

[답] 아닙니다. 성례는 의사가 소유한 '기름을 담을 수 있는 유리그릇'과 같을 뿐인데, 상처를 치료하는 것은 유리그릇이 아니라 기름입니다.

[제404문] 그렇다면 하나님께서는 우리에게 외적인 보증

인(保證印) 외에는 아무것도 주지 않습니까?

[답] 아닙니다. 하나님께서는 은혜를 주시겠다고 말씀하시며 더 나아가 그 은혜를 [실제로] 주십니다. 그렇지만 우리는 그 은혜를 믿음으로 받아야 하며, 그렇지 않으면 우리는 더 나은 사람들이 아닙니다.

[제405문] 성례의 종류에는 몇 가지가 있습니까?

[답] 타락 전에 제정된 성례도 있고, 타락 후에 제정되어 유대인 교회에서 시행된 성례도 있고, 그리스도께서 육체로 오신 후에 제정되어 그리스도인 교회에서 시행되는 성례도 있습니다.

[제406문] 무엇이 타락 전에 제정된 성례이었습니까?

[답] 에덴동산에 있는 생명나무이었습니다. 이 나무는 "아담이 하나님에게 복종하기만 하면 아담은 그리스도 안에서 영원히 살리라"는 행위언약의 보증인(保證印)이었습니다(계 2:7).

[제407문] 무엇이 유대인 교회에서 시행된 성례이었습니까?

[답] 할례와 유월절이었습니다. 그런데 할례는 그 본질과

성질에서 세례와 일치하며, 유월절은 성만찬과 일치
합니다.

[제408문] 할례란 무엇이었습니까?

[답] 태어난 지 8일이 된 모든 남자 아이의 몸에 있는 포피
(包皮)를 베어내는 것입니다.

[제409문] 할례 성례에서 날인되어 보증된 은혜는 무엇이
었습니까?

[답] '할례를 받지 않은, 즉 돌처럼 굳은 마음'과 '죄의 몸'을
베어내는 것입니다(골 2:11).

[제410문] 유월절이란 무엇이었습니까?

[답] 불에 구워진 어린양을 먹는 것과 자기 집 문설주에 어
린양의 피를 뿌리는 것이었습니다.

[제411문] 유월절 성례에서 날인되어 보증된 은혜는 무엇
입니까?

[답] 자기 집 문설주에 어린양의 피를 뿌렸던 이스라엘 사
람들이 애굽에 내려진 파멸에서 구하여졌던 것처럼,

자기 영혼에 그리스도의 피를 뿌리는 사람들은 하나님의 영원한 진노에서 구원을 받는다는 것입니다.

[제412문] 어린양을 불에 굽는다는 것과 먹는다는 것은 무엇을 의미합니까?

[답] 믿음으로 우리의 영혼이 우리의 죄 때문에 하나님의 진노의 용광로에서 불태워진 '하나님의 어린양이신 그리스도'를 먹고 그분을 의지하여 살아가는 것을 의미합니다.

[제413문] 그 어린양은 어떤 종류의 어린양이었습니까?

[답] 양떼 중에서 어떤 결점도 없는 수양이었는데, 이것은 흠 하나 없이 순결한 그리스도를 보여주는 표징으로 있습니다.

[제414문] 누가 그 어린양을 먹습니까?

[답] 유대 백성과 그들의 모든 가족만 먹는데, 이는 하나님의 백성만이 그리스도 안에서 기업(基業)을 받으며 그들 각각이 자기 영혼에 그리스도를 적용하기 때문입니다.

[제415문] 어떤 정해진 모습으로 먹었습니까?

[답] 허리에 띠를 두르고 손에는 지팡이를 잡고서 먹었는데, 이는 유월절 성례에 합당하게 참여하려는 사람은 하늘 여정에 적합하게 자신을 준비시켜야 하기 때문입니다.

[제416문] 그밖에도 어떤 음식을 함께 먹습니까?

[답] 쓴 나물과 무교병을 함께 먹는데, 이는 그리스도 안에서 기업을 받은 사람들은 십자가를 질 수 있고 위선에서 떠날 수 있도록 자신을 준비시켜야 하기 때문입니다(고전 5장).

[제417문] 언제 먹습니까?

[답] 저녁에 먹는데, 이는 그리스도께서 세상 끝날에 죽으셨기 때문입니다.

[제418문] 신약의 성례에는 무엇이 있습니까?

[답] 세례와 성만찬입니다.

[제419문] 표징으로 있는 세례에서 여러분은 눈으로 무엇

을 봅니까?

[답] 유아 머리 위에 뿌려진 물을 봅니다.

[제420문] 여기에서 무엇이 우리에게 날인되어 보증됩니까?

[답] 우리의 신생(新生)과 죄 씻음입니다. 유아의 얼굴이
　　물 밑에 있는 것처럼, 우리의 죄는 세례에서 그리스
　　도와 함께 장사됩니다. 그리고 우리는 우리의 죄에서
　　깨끗이 씻음을 받으며 그리스도로 옷 입게 됩니다(갈
　　3:27).

[제421문] 세례의 목적은 무엇입니까?

[답] 우리가 '그리스도의 도성에 있는 시민'으로 받아들여
　　져서 그리스도 앞에서 거룩하고 흠이 없게 되도록 하
　　려는 것입니다(딛 2:14).

[제422문] 여러분이 성례를 이해하지 못하는 유아에게 세
　　　　　　례를 베풀 수 있는 근거는 무엇입니까?

[답] [신자의] 유아는 [하나님의 은혜]언약 안에 있기 때문
　　에 유아도 역시 [은혜]언약의 보증인(保證印)을 받도
　　록 하나님께서 친히 유아 세례를 정당한 것으로 인정

합니다(창 17:10; 행 3:25).

[제423문] 세례를 받은 모든 사람은 [그 받은 세례로] 자신의 죄를 깨끗이 씻습니까?

[답] 아닙니다. 세례는 표징에 불과합니다(벧전 3:21). 우리를 죄에서 구원하는 것은 믿음으로 붙잡게 되는 '그리스도의 피'뿐입니다(요일 1:7; 벧전 1:18-19; 엡 1:7).

[제424문] 세례 성례를 받지 않고 죽은 유아는 모두 지옥에 떨어집니까?

[답] 하나님은 외적인 수단이 없으면 구원할 수 없다고 할 정도로 하나님의 손을 묶을 근거가 하나님의 말씀에는 없습니다.

[제425문] 여러분은 성만찬에서 무엇을 봅니까?

[답] [손에] 들려져 떼어지고 먹힌 '빵'과 [잔에] 부어져서 마셔지는 '포도주'입니다.

[제426문] [주께서 바로 위 답변에서 언급된 그러한] 빵과 포도주를 가지고 나타내고자 의도하신 것은 무

엇입니까?

[답] 우리의 영혼은 참된 믿음으로 그리스도의 살과 피를 먹고 마신다는 것, 우리는 그리스도 안에서 양육되고 성장하게 된다는 것, 그리고 우리 사이의 연합이 확증된다는 것입니다.

[제427문] 주께서 성만찬 성례를 제정하신 목적은 무엇입니까?

[답] 그리스도께서 자기 신부[인 교회]를 떠나실 때, 자기 신부에게 사랑의 표로서 이 성례를 주셨는데, 이는 자기 신부로 하여금 신랑과 신부가 다시 만나는 결혼식 날이 도래할 때까지 자기 남편[인 그리스도]께서 자기를 위해 십자가에 못 박히셨음을 믿음으로 기억하도록 하기 위해서였습니다.

[제428문] 그리스도께서 이 성만찬을 언제 처음으로 제정했습니까?

[답] 그리스도께서 배반당하시던 날 밤에 처음으로 제정하셨는데, 이때 그리스도께서는 죽기 전에 마지막 명령으로서 "그리스도의 교회는 그리스도를 기억하기

위해 이 성만찬을 행해야 한다."는 규례를 남기셨습
니다.

[제429문] 그런데 그리스도는 이 성만찬에서 '피를 흘리지 않은 제물'로 자기 아버지에게 드려지는 것이 아닙니까?

[답] 드려지지 않습니다. 그리스도는 고난 받으셨고 오직 한 번 죽으셨으며 게다가 다시 죽으실 수 없는 한, 그에 따라서 그리스도는 십자가 위에서 오직 한 번 드려졌습니다(히 9:25-27).

[제430문] 빵과 포도주는 [성만찬에서 그 실체가] 그리스도의 몸과 피로 바뀌어져 변화됩니까?

[답] 빵과 포도주가 기도로 성별된 후에, 그것들은 그 용도에서 더 이상 평범한 음식이 아닌 것으로 변화되지만, 실체와 본성에 있어서는 여전히 빵과 포도주입니다.

[제431문] 그렇다면 왜 그리스도께서는 빵과 포도주를 자신의 몸과 피라고 부릅니까?

[답] 왜냐하면 모든 성례에서 사람들은 그렇게 말하기 때

문입니다. 그리고 우리가 참으로 믿음으로 먹고 마시는 만큼, 그만큼 참으로 우리는 '십자가에 못 박히신 그리스도'와 '그분이 획득한 모든 복'을 받아들이고 그분 안에서 영적으로 양육되기 때문입니다.

[제432문] 그런데 왜 우리는 "그리스도의 몸은 실체로서 성찬식 자리에 있다."고 말해서는 안 됩니까?

[답] 1. 그렇다면 포도주도 역시 실체에 있어서 새 언약의 피이어야 하기 때문인데, 그것은 공상입니다. 2. 그렇다면 거기에 두 명의 그리스도, 곧 '몸을 주는 그리스도'와 '몸을 받은 그리스도'가 있어야 하기 때문입니다. 그리스도의 몸이 [성찬식이 시행되는] 수천 곳에 동시에 있으면, 그런 그리스도는 참된 인간도 아니고 따라서 우리의 구주도 아님이 틀림없습니다.

[제433문] 그렇다면 그리스도께서 "이것은 내 몸이다"고 하신 이 말씀의 의미는 무엇입니까?

[답] 그리스도께서는 '내가 손에 들고서 기도함으로 성별한 후에 뗀 이 빵'은(고전 10:16, 11장; 행 20:7) '성례전'이자 "내가 너희 신자들에게 내 몸과 피를 너희 영혼

을 양육하는 음식으로 정말 반드시 주신다."라는 '약
속의 보증'이라는 뜻으로 말씀했습니다.

[제434문] 그렇다면 그리스도께서는 성찬 성례에 실제로 임하십니까?

[답] 네, 그렇습니다. 확실히 주님께서는 우리에게 자기
몸과 피를 상상으로가 아니라 영적인 방식을 따라서
실제로 참으로 주십니다.

[제435문] 빵의 추가적인 의미는 무엇입니까?

[답] 그것은 한 덩어리의 빵이 곡물의 많은 낟알로 만들어
진 것처럼, 우리도 한 몸이며, 따라서 우리는 서로 사
랑할 의무가 있습니다.

[제436문] 성도 상호 간의 사랑은 어떤 식으로 있습니까?

[답] 서로 위하여 기도하는 것, 슬퍼하는 사람들과 함께 슬
퍼하는 것, 기뻐하는 사람들과 함께 기뻐하는 것(고전
12:26; 롬 12:15; 엡 6:18-19; 행 4:32; 요일 1:4), 가난한 사
람들을 도와 구제하는 것, 그리고 서로 덕을 세우는
것으로 있습니다.

[제437문] 우리는 어떻게 서로 덕을 세웁니까?

[답] 우리는 서로 가르치며(골 3:16), 서로 권면하며(히 3:13), 서로 견책하고 훈계하며(레 19:17; 살전 5:14), 함께 모여서 하나님의 말씀에 대해 다른 사람과 의견을 나누어야(말 3:16; 골 4:6; 엡 4:29; 시 37:30; 잠 31:26) 합니다.

[제438문] 그렇다면 목사가 하나님의 말씀을 설명하는 것처럼 개개의 그리스도인이 하나님의 말씀을 설명하는 것은 합법합니까?

[답] 개개의 그리스도인이 교회에서 하나님의 입으로서 공적으로 가르치는 것은 합법하지 않지만, 사사로운 모든 경우에 하나님의 말씀을 설명하여서 자기 자신과 다른 사람들의 양심에 적용하는 것은 그리스도인 각자의 의무입니다.

[제439문] 성만찬에 합당하게 참여하려는 사람들은 어떻게 준비해야 합니까?

[답] 그 사람들은 믿음과 사랑으로 참여해야 하며, 그리고는 그렇게 하지 않으면 받게 될 '저주의 형벌'이라는 고

통을 생각하는 중에 자기 자신을 심문하면서 세밀히
살펴보아야 하며, 그러고 나서 먹고 마셔야 합니다.

[제440문] 우리는 우리 자신을 어떻게 심문해야 합니까?

[답] 우리는 '하나님의 말씀과 성령 하나님'이라는 불빛을
'우리 영혼'이라는 집안에 비춰야 하며, 그리하여 우
리의 마음과 의지와 감정 등을 살펴보아야 합니다.
그리고 그리스도께서 성만찬 성례에 임석하기로 되
어 있기 때문에 우리는 그리스도의 모든 원수와 우리
의 죄를 문밖으로 내쫓아야 합니다.

**[제441문] 성찬을 합당하지 않게 받은 사람이 받게 될 심
판은 무엇입니까?**

[답] 그 사람은 자기 자신에게 내려질 '저주의 형벌'을 먹는
데, 이는 주님의 몸을 분별하지 못하고서 [먹고 마시
기] 때문입니다.

[제442문] 주님의 몸을 분별한다는 것은 무엇을 의미입니까?

[답] 첫째, 그것은 십자가에 못 박히신 그리스도에 대하여
믿음으로 생각하고, 그리스도를 죽인 우리의 죄에 대

하여 슬퍼하면서 생각하는 것입니다. 둘째, 그것은 감사하면서 예수님의 사랑을 상기하는 것입니다. 셋째 그것은 주님께서 명령하신 대로 먹고 마시며, 아울러 "그리스도와 우리는 하나임에 틀림없다."는 이런 이유 때문에 먹고 마시는 것입니다.

[제443문] 누가 그리스도의 몸을 분별하지 못하는 사람입니까?

[답] 교황주의자들입니다. 이 사람들은 [그리스도의] 진짜 몸이 빵 안에 있다고 말합니다. 더 나아가 그리스도의 피가 빵 안에 있다고 말하기 때문에 잔을 제거합니다. 믿음 없는 그러한 사람들은 마치 그 빵이 평범한 빵이었다는 듯이 돼지처럼 먹습니다.

[제444문] 성만찬에 참여하기를 거부하는 사람들의 죄는 무엇입니까?

[답] 그들은 [그렇게 함으로써] 그리스도와 결혼하기를 거절하는 것인데, 이것은 자기 구혼자가 보낸 반지를 거절하는 여인은 [그렇게 함으로써] 그 구혼자 자신을 거부하는 것과 같으며, 유업을 확증해 주는 왕의

인장을 거절하는 사람은 [그렇게 함으로써] 그 유업
도 거절하는 것과 같습니다.

제 2 부

행위에 관하여

제36장 _ 참된 종교의 두 번째 부분, 곧 하나님께 대한 순종에 관하여
Of Ye Second Pairt Of True Religion, Qlk Is Obedience To God

[제445문] 우리가 어떤 행위로도 의롭다함을 받지 않은 점에 비추어볼 때, 선행을 행해야 할 필요가 있습니까?

[답] 에, 있습니다. 좋은 열매를 맺지 못하는 어느 나무나 다 찍혀 넘어져 불에 던져지는 그러한 필요가 있습니다(마 3:10; 약 2:20; 히 12:14; 고전 6:9-10; 계 22:15).

[제446문] 우리는 우리의 선행 때문에 하나님의 은총과 구원을 공로로 얻을 수 있거나 그것들을 얻을 자격이 있을 수 있습니까?(엡 2:7-8; 딤후 1:9)

[답] 전혀 아닙니다(눅 17:10). 왜냐하면 우리가 그 모든 것을 행했을 때에도 우리는 무익한 종으로 있기 때문입니다(롬 6:23, 11:5-6).

[제447문] 왜 영생은 보상(報償)이라고 불립니까?(마 5장)

[답] 하나님께서 은혜로 말미암아 우리의 선행을 보상하겠다고 거저 약속하셨기 때문인데, 이로써 어떤 아버지가 자기 자녀에게 상(賞)을 걸고서 학교에서 공부에 열심을 내도록 하는 것처럼 하나님께서는 우리에게 상(賞)을 걸고서 선행에 열심을 내도록 하십니다.

[제448문] 그렇다면 "하나님은 자신의 약속 때문에 우리의 선행을 보상하실 뿐만 아니라, 그 선행은 영원한 영광을 획득하는데 충분한 '유용성과 가치'를 지닌 탁월한 것이다."고 말하는 그들[60]의 교리에 대해서 여러분은 어떻게 생각합니까?

[답] "그와 같은 교만한 바리새인들은 하나님에게 누구나 지고 있는 빚(죄) 때문에 죽지 않을까 두려워하여 전능하신 하나님과 그 빚을 셈하여서 갚기 위해 모조화폐를 손에 들었다."고 나는 생각합니다.

[제449문] 우리의 행위가 하나님 앞에서 참으로 선한 것이라고 생각하기 위해서는 어떤 것들이 요구됩니까?

[답] 우리의 행위는 하나님에게서 명령받은 것이어야 하며(신 4:2; 마 15:9), 믿음으로(행 15:9; 히 11:6; 롬 14:23)

행해져야 하며, 하나님의 영광에 대한 동기 때문에(고
전 10:31; 골 3:17; 마 6:2-4) 행해져야 합니다.

[제450문] 중생한 사람의 선행은 하나님 앞에서 완전합니까?

[답] 아닙니다. 중생한 사람의 선행은 진흙과 혼합된 물
과 같습니다. 그래서 선행에서 솜씨가 어줍은 궁수와
같은 우리는 하나님의 영광을 주시해야 할 때도 우리
자신에게 눈길을 돌립니다(약 3:2, 4:3; 롬 7:19, 23; 갈
5:17).

[제451문] 그렇다면 우리의 선행은 모두 죄입니까?

[답] 우리의 선행은 죄가 아니라 죄로 더럽혀져 있습니다
(약 3:2). 그렇지만 우리 주 [하나님]께서는 그리스도
때문에 우리의 선행을 용납하십니다(벧전 2:5; 엡 1:11;
시 31:1; 요일 2:1; 계 8:1-3).

제37장 _ 율법에 관하여
Of The Law

[제452문] 우리는 율법을 지킬 수 있습니까?

[답] 율법을 지킬 수 있는 사람은 아무도 없습니다. 왜냐
하면 우리가 우리에게 죄가 없다고 말하면 우리는 거
짓말쟁이기 때문입니다(요일 1:8-9; 욥 9:2-3; 약 3:2; 시
19:13, 32:6, 130:3; 잠 20:9; 사 6:5).

**[제453문] 몇몇 경건한 사람이 자기 몸을 던져 그리스도를
위해 화형에 처해질 때에 율법이 요구하는 것
보다 더 큰 일을 행하는 것이 아닙니까?[61]**

[답] 아닙니다. 하나님께서 그들에게 그들 자신의 생명보
다 하나님을 더욱 사랑하라고 명하시니 그들에게는
그 명령을 행해야 할 의무가 있습니다. 따라서 그들
은 율법이 요구한 것을 행한 것에 불과합니다.

**[제454문] 우리가 율법에 의해 구원을 얻을 수 없으면 율
법의 용도는 무엇입니까?**

[답] 율법은 수비대 군인들에 둘러싸인 도시처럼 우리를 정죄 아래 가두어두는데, 이는 우리가 자비를 얻기 위해 그리스도에게 갈 수 있도록 하기 위해서입니다 (갈 3:10-11, 23; 행 2:37-38).

[제455문] 우리가 그리스도에게 오게 된 후에 율법의 용도는 무엇입니까?

[답] 그리스도께서 우리와 율법 사이의 화친을 이루어 내신 후에, 우리는 그리스도에 대한 사랑 때문에 율법을 따라 행하기를 매우 기뻐합니다(고후 5:14; 시 119:30, 63, 97, 105, 127).

[제456문] 우리에겐 율법의 완전한 뜻을 알기 위한 어떤 원칙이 있습니까?

[답] 네 가지 원칙이 있습니다.

[제457문] 첫째 원칙은 무엇입니까?

[답] 율법은 모든 선을 명하고 모든 악은 금한다는 것입니다.

[제458문] 둘째 원칙은 무엇입니까?

[답] 율법은 영적이며, 따라서 선과 악을 이해하고 분별할 수 있는 '지성과 분별력'(사 1:3; 렘 4:22, 9:3), 선을 지키기 위한 '기억력'(신 6:5[62]; 출 20:8), 선은 택하여 사랑하면서도 악은 미워하고 혐오하려는 '의지와 열정'(신 30:19; 수 24:15; 살전 5:21), 그리고 하나님을 섬기는 의의 병기로 있는 '몸의 모든 지체'(롬 6장)를 요구한다는 것입니다.

[제459문] 셋째 원칙은 무엇입니까?

[답] 율법은 우리에게 우리의 얼굴을 하나님에게 향한 채, 우리 영혼의 모든 능력을 올바른 틀 안에 두면서, 완전하게 진정으로 복종할 것을 명령한다는 것입니다 (마 22:37; 약 2:10; 빌 4:8; 롬 7:7).

[제460문] 넷째 원칙은 무엇입니까?

[답] 율법은 순종의 수단을 [사용할 것을] 명하기도 하고 죄를 범할 모든 기회를 [허용하는 것을] 금하기도 한다는 것입니다(마 5:27-28; 욥 31:1; 신 6:3; 시 26:4-5). 게다가 우리는 우리가 처한 자리에서 다른 모든 사람으로 하여금 하나님의 율법을 지키게 해야 한다는 것입

니다(엡 4:29; 벧전 3:9-11).

■ ■ ■ ■ ▨

제38장 _ 십계명에 관하여
Of The Commandementis

[제461문] 십계명의 요지는 무엇입니까?

[답] 4개의 계명이 있는 첫째 돌 판에서 우리는 다른 무엇
보다도 특히 하나님을 사랑하라는 명령을 받습니다.
6개의 계명이 있는 둘째 돌 판에서는 우리 자신을 사
랑하듯이 우리 이웃을 사랑하라는 명령을 받습니다.

**[제462문] "너는 나 외에는 다른 신들을 네게 있게 말지니
라." 하는 제1계명의 요지는 무엇입니까?**

[답] 우리는 우리 영혼의 모든 힘을 다하여 유일하신 참되
신 하나님을 예배하고 경외하라는 명령과, 우리가 하
나님 눈앞에 항상 있는 바로 그 때에 다른 무엇보다
도 특히 그런 하나님을 사랑하고 존경하라는 명령을
받습니다.

[제463문] 제1계명에서 명령된 특별한 미덕은 무엇입니까?

[답] 제1계명에서 우리가 명령받은 특별한 미덕은 1. 제일 먼저 하나님을 아는 것, 2. 하나님을 믿는 것, 3. 우리의 기억과 마음속에 하나님과 하나님의 말씀을 간직하는 것, 4. 하나님을 신뢰하는 것, 5. 하나님을 의지하는 것, 6. 하나님을 사랑하는 것, 7. 하나님의 영광을 열망하는 것, 8. 하나님으로 말미암아 기뻐하는 것, 9. 우리는 반드시 그래야 하는 바, 하나님에게 순종하는 것, 10. 인내하는 것, 11. 하나님에게 겸손하게 행하는 것, 12. 우리의 마음으로 하나님을 경외하는 것, 그리고 13. 외적으로 하나님에게 경의를 표하는 것입니다.

[제464문] 제1계명에서 특별히 금지되어 있는 악덕은 무엇입니까?

[답] 제1계명에서 우리가 특별히 금지명령을 받은 악덕은 하나님을 전혀 예배하지 않는 무신론자가 되는 것, 우상숭배자와 같이 어떤 것이든 하나님 대신 예배하거나 우리의 공상을 따라 미신적으로 하나님을 예배하는 것, 곤경에 처해 있을 때에 사탄이나 마녀들에

게 호소하거나, 하나님과 동등하게든 하나님 이상으로든 친구, 부, 쾌락, 등 어떤 것이라도 의지하는 것입니다. 게다가 참되신 하나님에게 범하는 모든 종류의 죄는 제1계명에서 정죄를 받습니다.

[제465문] 제1계명에서 추가되는 죄는 무엇입니까?

[답] 제1계명에서 우리가 추가적으로 금지명령을 받는 죄는 성자들이나 천사들에게 기도하는 것, 하나님에 대한 무지, 불신앙, 위선, 절망, '인자하심에 따른 하나님의 능력을 의심하는 것'인데, 이 모든 것은 하나님의 정죄를 받습니다.

[제466문] 제2계명에서 우리가 명령받고 있는 것은 무엇입니까?

[답] 제2계명에서 우리가 명령받은 것은 하나님께서 자신의 말씀으로 명하신 그 방식에 따라서 하나님을 성령과 진리로 예배하는 것입니다(요 4:23-24).

[제467문] 제2계명에서 우리에게 금지되어 있는 것은 무엇입니까?

[답] 제2계명에서 우리가 금지명령 받은 것은 형상을 하나님으로 예배하거나 참되신 하나님을 형상으로 예배하는 것인데, 이는 하나님의 무한한 위엄은 손이나 어떤 피조물로 만들어진 것과 전혀 어울리지 않기 때문입니다.

[제468문] 제2계명에서 금지된 특별한 악덕은 무엇입니까?

[답] 모든 사람은 어떻게든 예배하려고 합니다. 그러나 이에 대한 대답으로 하나님을 예배하는 올바른 방식에서, 우리는 우리 자신의 고안품을 거부해야 하며, 하나님의 말씀으로 말씀하시는 '하나님의 영'의 인도함을 받는 일에 몰두해야 합니다. [그렇지 않으면 악덕입니다.]

[제469문] 제2계명에서 금지되어 있는 다른 악덕은 무엇입니까?

[답] 제2계명에서 우리가 금지명령 받은 다른 악덕은 하나님을 나타내는 형상을 만들거나 예배하는 것, 또는 마음으로든 무릎으로든 몸으로든 내적이거나 외적인 예배를 어떤 피조물이나 형상이든 그것들에게 드리

는 것입니다.

[제470문] 그런데 우리가 나무나 돌이나 금으로 만든 형상 앞에 무릎을 꿇을 때 우리가 마음으로는 하나님을 예배하지, 그 형상을 예배하는 것은 아니지 않습니까?

[답] 세상에 있는 모든 우상숭배자들은 "그 형상 속에, 게다가 태양이나 달 속에도 어떤 신성한 본질이 있다."고 생각합니다.

[제471문] 그럼 하나님은 형상으로 표현될 수 없습니까?

[답] 하나님께서는 그것을 명백히 금지합니다(신 4:12). 게다가 신성은 손으로 만들어진 것과 전혀 어울리지 않습니다. 하나님에 대해서 그렇게 생각하는 것도 또한 합법적이지 않습니다(행 17:29; 사 40:18).

[제472문] 하나님께 드리는 예배에는 어떤 특별한 구성 요소가 있습니까?

[답] 우리는 믿음과 순종으로 하나님의 말씀을 들어야 하며, 성례를 받아야 하며, 오직 하나님에게만 기도해

야 하며, 하나님의 말씀에 제시된 외적 의식들로 하나님을 예배해야 합니다.

[제473문] 어떤 죄가 위에서 말한 구성 요소와 상반되는 죄입니까?

[답] 여기서 정죄된 죄인데, 곧 1. 위선, 2. 하나님께 드리는 예배를 경멸하고 모독하는 것, 3. 시각적 예배, 4. 성자나 천사에게 기도하는 것, 5. 참된 교회에 속하지 않는 의식들을 본떠서 만든 모든 의식들(레 18:3), 6. 하나님께서 정한 규례들을 변경하는 모든 것(왕상 12장), 7. 우상을 숭배하는 모든 수단과 우상을 숭배하도록 자극하는 모든 것입니다.

[제474문] 제2계명을 지키도록 우리의 마음을 움직이는 근거는 무엇입니까?

[답] 그 근거는 두 가지인데, 곧 하나님의 위협과 하나님의 약속입니다.

[제475문] 하나님의 위협은 무엇입니까?

[답] 하나님의 위협은 하나님을 미워하는 범죄자들을 -그

들의 아버지뿐만 아니라 그들의 아들도 포함해서- 향해 불타는 하나님의 진노인데, 이는 남편이 음란한 아내에게 몹시 화를 내는 것과 같습니다.

[제476문] 하나님의 약속은 무엇입니까?

[답] 하나님께서는 자기를 바르게 예배하는 사람들과 그 자녀들에게 천 대까지 자비를 베푸시겠다고 하십니다.

[제477문] 제3계명에서 우리가 명령받는 것은 무엇입니까?

[답] 모든 경외심을 가지고 하나님과 하나님의 본성과 말씀과 사역에 대해서 생각하고 말하며 공공연히 고백하는 것입니다.

[제478문] 그렇다면 우리는 모든 일에서 하나님을 영화롭게 해야만 합니까?

[답] 확실히 그렇습니다. 우리가 행하는 모든 일의 목적은 우리 자신의 즐거움이나 이익이나 명성이 아니라 하나님의 영광입니다(고전 10:31).

[제479문] 하나님의 본성과 관련하여 우리는 하나님을 어

떻게 영화롭게 합니까?

[답] 우리가 하나님을 믿고 사람들 앞에서 하나님의 선하
심과 거룩하심을 고백할 때이며(롬 10:10; 벧전 3:5), 아
울러 우리의 대화에서 모든 경건함으로 하나님의 영
광스런 본성의 탁월함을 분명히 나타낼 때입니다.

**[제480문] 하나님의 말씀과 관련하여 우리는 하나님을 어
떻게 영화롭게 합니까?**

[답] 우리가 1. 거룩한 삶을 위해 하나님의 말씀에 복종할
때, 2. 하나님의 말씀이 우리에게 [꿀 송이처럼] 달콤
할 때(시 19편), 3. 우리가 다른 사람들에게 하나님의
말씀을 가르치고 집안에서와 문밖에서 그 말씀을 우
리 대화의 내용으로 삼을 때입니다(신 6:6-7).

[제481문] 이 점에서 누가 실패합니까?

[답] 모든 불경건하게 생활하는 사람들과 쓸모없고 추잡
한 말을 하는 사람들이 실패합니다.

**[제482문] 하나님의 사역과 관련해서 우리는 어떻게 하나
님을 영화롭게 합니까?**

[답] 우리가 하나님의 창조 사역과 세상을 통치하는 사역 -특히 선한 사람들과 악한 사람들을 보상하는 과정에서- 때문에 하나님의 영광을 생각하고 그 영광에 대하여 이야기할 때입니다(시 139:14; 창 1:31).

[제483문] 이 점에서 누가 실패합니까?

[답] 마법을 걸게 되고 운수를 점치게 되기까지 하나님의 사역을 모욕하고 피조물들을 악용하는 사람들, 카드놀이와 주사위놀이를 하며, 더 나아가 하나님을 예배할 때에 제비뽑기를 함으로써 하나님의 섭리를 시험하는 사람들이 모두 실패합니다.

[제484문] 제3계명에서 언어와 관련된 특별한 미덕은 무엇입니까?

[답] 중대한 문제에서 하나님의 영광이 맹세를 요구할 때에 하나님을 가리켜 맹세하는 것과, 하나님에게 서원하고 우리가 하나님에게 서원하고 그 서원한 것을 갚는 것입니다.

[제485문] 어떤 맹세가 불법적인 맹세입니까?

[답] 1. 거짓 맹세, 2. 하찮고 사악한 이유로 경솔하고 갑작스럽게 한 맹세, 3. 성자들의 피나 우리의 생명을 걸고 거짓 신들에게 하는 우상숭배적인 맹세입니다.

[제486문] 우리는 왜 피조물에게 맹세하면 안 되는 것입니까?

[답] 왜냐하면 맹세하는 것은 진리와 거짓을 보상하시는 전지하신 심판주이신 하나님에게 도움을 구하는 것이며, 이런 영광은 어떤 다른 피조물에게도 주어질 수 없기 때문입니다(사 3:7; 습 1:5).

[제487문] 합법적인 서원은 어떤 것입니까?

[답] 우리가 서원하는 일이 합법적인 일이면서(시 132:3-4; 삼상 11:11; 창 28:20-21) 우리에게 그 서원한 일을 행할 수 있는 능력이 있을 때(마 19:11), 우리가 피조물에게가 아니라 하나님에게만 서원하고 나아가 우리가 서원한 일을 수행할 때, 특별히 우리가 세례를 받을 때에 그리스도에게 헌신하기로 서원할 때입니다.

[제488문] 로마교에 있는 특별히 불법적인 서원은 무엇입니까?

[답] 로마교 사람들이 그 자체가 하나님의 심판인 빈곤을 서원할 때, 2. 그들이 사람들이나 고위 성직자들이 그들에게 무엇을 명령하든지 그 사람들이나 고위 성직자들에게 복종하겠다고 서원할 때(고전 7:23), 3. 그들이 독신의 은사가 없는데도 정절을 서원할 때입니다.

[제489문] 제3계명에 있는 위협은 무엇입니까?

[답] 하나님께서는 자신의 명령을 어기는 사람을 자신 앞에 소환하여 그 사람을 죄가 있는 사람이라고 선언하겠다고 하십니다.

[제490문] 제4계명에서 명령되어 있는 것은 무엇입니까?

[답] 관원, 가장(家長), 그리고 모든 계층의 사람은 매일 일정한 시간을 따로 떼어놓으라는 명령을 받으며, 특별히 주일은 하나님의 집에서 하나님을 공적으로 예배하기 위해, 아울러 하나님 예배에 맞게 생각하고 말하고 행동하기 위해 온종일을 생업(일반적인 소명) 거기에서 따로 떼어놓으라는 명령을 받습니다(사 56장, 58장; 느 13:15; 렘 17:22; 출 22:12).

[제491문] 주일에 합법적으로 행해지는 일은 무엇입니까?

[답] 1. 하나님을 예배하는 일, 2. 가난한 사람들을 돕는 일과 같이, 자비를 베푸는 일, 3. 소를 물가로 끌고 가는 일과 같이, 불가피하게 필요한 일입니다.

[제492문] 누가 하나님의 날의 안식을 오용하는 사람입니까?

[답] 1. 주일에 한가하게 놀고 있는 사람들인데, 이는 이 날이 동물들의 안식일이 되기 때문입니다. 2. 주일에 운동을 하고 놀이를 하는 사람들인데, 이는 이 날이 어린아이들의 안식일이 되기 때문입니다. 3. 주일에 연회를 베풀어 대접하고 축연을 베푸는 사람들인데, 이는 이 날이 폭식가의 안식일이 되기 때문입니다. 4. 주일에 죄를 범하는 사람들인데, 이는 이 날이 마귀들의 안식일이 되기 때문입니다. 5. 주일에 생업(세속적인 소명)에 종사하는 사람들인데, 이는 이 날이 가엾은 사람들의 안식일이 되기 때문입니다.

[제493문] 그런데 안식일은 그리스도 때문에 중지된 의식 이지 않습니까?

[답] 아닙니다. 그리스도께서는 오신 후에도 안식일이 지

켜지기를 원하십니다(마 24:20). 게다가 안식일은 모든 의식이 명령되기 전에 에덴동산에서 아담에게 명령되었습니다.

[제494문] 우리가 매주 첫날을 [안식일로] 지키는 것을 정당한 것으로 인정받는 이유는 무엇입니까?

[답] 우리의 구주와 그분의 사도들이 매주 첫날을 지켰는데, 우리는 그분들을 따르기 때문입니다(요 20:19; 행 20:7, 26:22; 고전 16:1[63]; 계 1:10).

[제495문] 다른 어떤 날들을 거룩한 날로 지키는 것은 적법합니까?

[답] 아닙니다. 왜냐하면 그것은 자의적(恣意的) 예배이며(골 2:23), 그리스도를 헛되이 받는 것이기(갈 4:10) 때문입니다.

[제496문] 제4계명을 지켜야 하는 이유는 무엇입니까?

[답] 왜냐하면 하나님께서 우리에게 6일을 주셨지만 자신을 위해서는 단지 하루만 취하셨기 때문이며, 그리고 나서 하나님께서 이 날에 쉬셨기 때문입니다.

[제497문] 안식일을 성결하게 한다는 것은 무슨 말입니까?

[답] 그것은 하나님을 예배하기 위해서 그날 동틀 녘부터 한밤중까지 온종일을 따로 떼어놓는다는 말입니다 (요 20:1; 행 20:7).

[제498문] [순종해야 할 필요성의 크기라는 점에서] 둘째 돌 판의 계명들이 첫째 돌 판의 계명들과 비슷한 이유는 무엇입니까?

[답] 왜냐하면 사람들이 하나님에 대한 참된 사랑을 지니고 있으면 그들은 자기 이웃에 대한 의무를 행하지 않을 수 없기 때문이며, 한 돌 판의 계명들은 다른 한 돌 판의 계명들 없이는 존재할 수 없기 때문입니다.

[제499문] 여기에서 지켜져야 하는 순서는 무엇입니까?

[답] 우리는 사람들에 우선하여 하나님을 사랑하고 복종해야만 합니다. 그리고 사람들 사이에서는 어떤 한 사람에게보다는 교회에, 또는 불신자들에게보다는 신자들에게 더욱더 사랑하고 복종해야 할 의무가 나에겐 있습니다.

[제500문] 우리 이웃은 누구입니까?

[답] 모든 사람이, 심지어는 낯선 사람들과 원수들까지도 우리 이웃입니다.

[제501문] 제5계명에서 명령되어 있는 것은 무엇입니까?

[답] 우리는 우리 동료에게 공정하게 행동해야 한다는 것, 우리는 주 안에서 우리의 상전을 사랑하고 존경하고 복종해야 한다는 것, 상전들도 우리에 대한 의무를 다해야 한다는 것입니다.

[제502문] 왕과 관원들의 의무는 무엇입니까?

[답] 그들은 [참된] 종교(신 17:19; 출 18:21; 사 49:23; 겔 7:27), 평화(딤전 2:2), 그리고 정의(민 35:31, 33; 왕상 20:42; 욥 29:12-13)를 보존해야 합니다.

[제503문] 국민의 의무는 무엇입니까?

[답] 왕과 관원들을 위해 기도하는 것(딤전 2:1), [그들에 대한 의무를] 행하고 벌을 참을성 있게 받음으로써 주 안에서 그들을 사랑하고 복종하는 것(엡 6:5-7; 벧전 2:13-14), 그들에게 그들이 마땅히 받아야 할 것을 주

는 것(마 15:4-5; 롬 13장), 그리고 소동을 일으켜서(잠 24:21) 득의양양하지 않은 것입니다.

[제504문] 목사의 의무는 무엇입니까?

[답] 하나님의 양떼를 먹이는 것(벧전 5:2), 그리고 [회중 앞에서 공적으로 성경을] 낭독하는 일(딤전 4:13)과 [바른 교훈으로] 잘 가르치는 일(딛 1:9)과 경건(딤전 4:7)[에 이르는 일]에 수고하는 것입니다.

[제505문] 양떼의 의무는 무엇입니까?

[답] 목사에게 복종하고 사랑하고 존경하는 것(히 13:17; 살전 5:13), 목사를 위해 기도하는 것, 그리고 목사를 양떼의 모든 좋은 것을 함께 하는 사람으로 삼는 것(갈 6:6)입니다.

[제506문] 남편의 의무는 무엇입니까?

[답] 그리스도께서 자기 교회를 사랑하시는 것과 같이 자기 아내를 사랑하는 것입니다(엡 5:28).

[제507문] 아내의 의무는 무엇입니까?

[답] 그리스도에게 복종하듯이 자기 남편에게 복종하는 것입니다(엡 5:22).

[제508문] 아버지의 의무는 무엇입니까?

[답] 하나님을 경외하도록 자녀들을 가르치고 양육하는 것(욥 1:5), 자녀들에게 경건의 본보기로 있는 것(수 24:15; 히 3:9), 그리고 그들에게 '정당하게 획득한 것'을 남기는 것(렘 17:11)입니다.

[제509문] 자식과 젊은 사람의 의무는 무엇입니까?

[답] 훌륭한 부모에게 복종하고 따르는 것, 곤경 중에 있는 부모를 돕는 것, 악한 부모의 악한 생활을 볼 경우 겸손해지고 회개하는 것(겔 18:14-15)입니다.

[제510문] 상전의 의무는 무엇입니까?

[답] 하인들을 형제로 여기는 것(엡 6:9), 그들에게 하나님의 도를 가르치는 것(창 18장), 그리고 그들에게 그들의 급료를 지급하는 것(약 5:2, 골 4:1)입니다.

[제511문] 하인의 의무는 무엇입니까?

[답] 하나님에게 하듯이 일편단심으로 섬기는 것입니다 (골 3:22; 딛 2:4; 창 31:4).

[제512문] 학자와 선생의 의무는 무엇입니까?

[답] 자신의 학문을 뽐내지 않는 것, 자기 학생들에게 하나님 경외, 인문과학, 그리고 예절을 가르치는 것입니다.

[제513문] 젊은 사람의 의무는 무엇입니까?

[답] 젊었을 때 창조주를 기억하는 것(전 12:1), 청년의 욕망을 피하는 것(딛 2:6; 딤후 2:22), 그리고 나이 든 사람들을 존경하는 것(레 19:32; 욥 32:6-7; 막 10:17; 창 28:8; 왕상 2:19; 벧전 5:5)입니다.

[제514문] 나이 든 사람의 의무는 무엇입니까?

[답] 의의 길로 행하는 것(잠 16:31)과 믿음과 사랑과 인내에 있어 건전하게 하는 것(딛 2:2)입니다.

[제515문] 부한 사람의 의무는 무엇입니까?

[답] 자선, [선한] 행위, 모든 선한 사업에 부하는 것(딤전 6:18), 거만하지 않으며 덧없는 재물을 신뢰하지도 않

는 것(딤전 6:17), 그리고 [부한 사람 자신의 처지가] 낮아지게 되면 하나님께서 자신으로 하여금 자신의 부가 허무함을 보게 하셨다는 것으로 말미암아 기뻐하는 것(약 1:10)입니다.

[제516문] 가난한 사람의 의무는 무엇입니까?

[답] 궁핍에 처하는 법을 배우는 것(빌 4:12)과 하나님의 나라를 우선 첫째로 구하는 것(마 6:33) 입니다.

[제517문] 동료 간의 의무는 무엇입니까?

[답] 서로 사랑하도록 격려하는 것(히 10:24; 창 45:24)과 자기 자신보다 다른 사람을 낮게 여기는 것(빌 2:3)입니다.

[제518문] 제5계명을 지키는 사람들에게 주어지는 약속은 무엇입니까?

[답] 하나님께서는 그 사람들에게 장수와 평화로운 삶을 약속하십니다.

[제519문] 그런데 [어찌하여] 사악한 사람들은 오래 살면서 나이를 먹게 되지만(욥 21:7) 경건한 사람들

은 젊어서 죽니까?

[답] 구리나 철로 가득 채워진 큰 집이 작은 황금덩어리만큼 가치가 있는 것이 아닌 것처럼, 경건한 사람의 며칠은 사악한 사람의 여러 해보다 좋습니다.

[제520문] 제6계명에서 우리가 명령받는 것은 무엇입니까?

[답] 제6계명에서 우리가 명령받는 것은 모든 사람의 생명에 자비롭게 행동하는 것입니다. 즉, 우리 자신의 생명 뿐만 아니라 다른 사람들의 생명에도, 심지어는 우리의 원수들과 짐승들의 생명에도(잠 12:10;신 22:6) 자비롭게 행동하는 것입니다. 그리고 우리 이웃의 생명에 대한 모든 내적 증오와 외적 폭력이 금지되어 있습니다.

[제521문] [제6계명에서] 금지되어 있는 내적 증오는 무엇입니까?

[답] 1. 격렬하게 내는 화(마 5:22), 2. 증오(요일 3:15), 3. 측은히 여기는 마음이 없음(약 3:14; 암 6:5-6), 심술궂음(롬 1:29), 복수하려는 열망과 시기심(잠 14:30), 해가 지도록 품는 원한 혹은 분노(엡 4:26)입니다.

[제522문] [제6계명에서] 금지되어 있는 외적 살인은 무엇입니까?

[답] 가난한 과부와 고아에게 상처를 입히고, 그들을 죽이고 학대하는 것입니다(미 3:1; 레 24:19-20; 출 22:22; 창 9:6).

[제523문] 목숨을 앗아가는 모든 행위는 살인입니까?

[답] 아닙니다. 왜냐하면 "관원들", "복수하려는 열망 없이 자신의 몸을 정당하게 방어하는 사람들"(창 9:6; 레 24:14; 신 13:5), 그리고 "종교와 자신의 나라를 지키기 위한 정당한 전쟁에 참여한 군인들"(삼상 25:28; 히 11:33-34; 신 20:13)은 사람들을 죽일 수도 있지만, 그래도 그들은 살인자들이 아닙니다.

[제524문] 제6계명에서 금지되어 있는 다른 악행은 무엇입니까?

[답] 살인의 모든 계기, 즉 결함을 들추어내고, 조롱하고, [칼로 폐부를] 찌르고, 아울러 증오에 찬 저주스러운 모든 말(삿 8:1; 행 22:22; 엡 4:31; 잠 12:18; 레 19:14; 삼하 6:20; 욥 29:15⁶⁴), 언짢은 얼굴을 하는 것, 곧 무서운 얼

굴을 하는 것(창 4:5; 삼상 18:9), [경멸하여] 코웃음을 치는 것, 우리의 건강을 상하게 하기까지 과식하는 모든 것, 많은 사람들이 다니는 길과 다리와 계단이 훼손되었는데도 고치지 않는 것 등등입니다.

[제525문] 공적인 인물들은 어떻게 해서 살인죄를 범합니까?(신 22장; 민 35:31-32)

[답] 그들이 무죄한 피를 흘린 사람들에 맞서서 하나님의 검을 뽑아 들지 않을 때, 그들이 처벌하는 과정에서 자비의 선을 넘거나 앙갚음으로 처벌할 때입니다.

[제526문] 제6계명에서 특별히 명령되어 있는 미덕은 무엇입니까?

[답] 우리 자신과 우리 이웃의 생명을 보호하기 위해 주의하는 것과 평화를 구하는 것입니다.

[제527문] 이런 의무에 추가되는 내적인 미덕은 무엇입니까?

[답] 1. 온유함과 노하기를 더디 하는 것, 2. 공손함과 박애(벧전 3:8; 창 23:4, 6), 3. 우리 원수까지도 기꺼이 용서하는 것(잠 19:11; 벧전 4:5; 약 5:10)과 손해를 견디는 것

입니다.

[제528문] 어떤 일이 외적으로 평화를 획득합니까?

[답] 친절하게 대하는 것, 온화하고 부드러운 대답(잠 25:1), 평화를 구하기 위해 우리의 권리를 주장하지 않고 그냥 넘어가는 것(창 13:8-9; 마 17:26), 그리고 분노가 일어날 첫 조짐이 보일 때 그 자리를 떠나는 것(잠 17:14; 전 7:8, 10:11)입니다.

[제529문] [분쟁을 해결하기 위해] 법에 호소하는 것은 법적으로 정당하지 않습니까?

[답] 정당합니다. 법에 호소하는 것은 복수심이 없거나 자비를 중단함이 없이 행해진다는 것을 조건으로 하여, 평화를 추구하게 되고 부당한 행위들을 저지하게 되어 법적으로 정당합니다.

[제530문] 제6계명은 단지 우리 이웃의 육체에만 적용하기에 충분합니까?

[답] 우리는 또한 거룩한 생활에 대해서 가르치고 권고하고 견책하고 본을 보임으로써 우리 이웃의 영혼을 돌

보라는 명령도 받습니다.

[제531문] 우리 이웃의 영혼을 돌보는 일에서 실패하는 사람은 누구입니까?

[답] '모든 게으르고 무지한 목사들'-이들은 영혼의 살인자들입니다-과 '영혼들을 하나님에게로 이끌지 않는 개인으로서의 신자들'입니다(마 5:16, 18:17; 벧전 2:12; 고전 10:32).

[제532문] 우리 이웃의 영혼을 돌보는 일에서 실패하는 또 다른 사람은 누구입니까?

[답] 자신의 권력을 동원하여 거짓 종교를 옹호하거나 참된 종교가 없어지게 내버려두는 왕과 권원입니다.

[제533문] 제7계명은 무엇을 명령합니까?

[답] 우리는 모든 육체적 즐거움을 향유할 때 절제해야 한다는 것을 명령합니다. 그리고 우리의 몸을 순결하게 지켜 간통, 근친상간, 간음, 수간, 남색에 물들지 않게 해야 하며, 이와 더불어 우리의 마음을 순결하게 지켜 내적으로 끓는 욕정에 물들지 않게 해야 한다는

것도 명령합니다.

[제534문] 제7계명은 [바로 위 답변에서 언급한 것 외에] 더 이상 금지하지 않습니까?

[답] 제7계명은 폭음폭식, 술 취함, 추잡한 이야기, 야한 옷, 음탕한 눈과 귀, 음란한 신체적 접촉과 입맞춤, 음란한 춤, 매춘부와 음란한 여자와 자리를 같이 하는 것, 그리고 추잡함을 일으키는 모든 경우를 금지합니다.

[제535문] 욕정의 치료제는 무엇입니까?

[답] 결혼인데, 결혼은 하나님께서 자신의 법으로 명령하신 바에 따라서 한 남자와 한 여자를 합법적으로 굳게 결합시키는 것입니다.

[제536문] 제8계명에서 우리가 명령받는 것은 무엇입니까?

[답] 우리는 모든 사람에게 그 사람 자신의 것을 주어야 하며, 하나님께서 우리에게 주신 것으로 만족해야 하며, 합법적인 생업에 종사하여 우리의 생활비를 위해 부지런히 일해야 한다는 것입니다.

[제537문] 재물을 합법적으로 얻는 방법에는 몇 가지가 있습니까?

[답] 출생에 의해서 [상속받음으로써] 그리고 우리의 생업에 종사하여 [얻은 수입으로] 합법적으로 구입함으로써 재물을 합법적으로 얻습니다(레 25:45[65]; 민 27:8; 창 23:14-15).

[제538문] 부당하게 얻게 된 것과 관련된 특별한 죄는 무엇입니까?

[답] 도둑질(엡 4:28), 약탈과 압제(사 3:14-15), 강탈(눅 3:14; 삼상 2:12), 고리대금(시 15:5; 출 22:25; 겔 18장), 사고 팔 때에 속이는 저울로 속이는 것, 속이는 상품, 우리의 소유가 아닌 것을 부당하게 거둬들이는 것(합 2:9; 사 5:8)입니다.

[제539문] 우리가 우리의 재물을 바르게 사용하는 것과 관련된 특별한 미덕은 무엇입니까?

[답] 검약이나 절약 그리고 관대함입니다.

[제540문] 절약은 어떤 식으로 있습니까?

[답] 폭음폭식, 술 취함, 아무 하는 일 없이 놀고먹기만 함
으로써든, 불필요한 보증인이 되거나 나태하거나 자
유분방하거나 도박을 하거나 매춘행위를 함으로써든
하나님께서 우리에게 주신 것을 낭비하지 않고 그것
을 규모 있게 관리하는 것으로 있습니다(고후 8:14; 요
6:12; 잠 11:15, 21:17).

[제541문] 관대함은 어떤 식으로 있습니까?

[답] 우리 자신이 검소하게 먹고 옷 입는 것, 가난한 사
람들에게 필요한 것을 주어 구제하는 것(롬 12:13; 레
25:35; 시 37:19), 그리고 낯선 사람들을 묵게 하는 것
(벧전 4:9; 잠 11:24; 롬 12:13)으로 있습니다.

[제542문] 이런 미덕이 맞서 싸우는 특별한 악덕은 무엇입니까?

[답] 많은 머리를 가진 바로 그 괴물, 곧 모든 악의 뿌리인
'무절제한 소유욕'과 '탐욕'입니다.

[제543문] 제9계명의 목적은 무엇입니까?

[답] 우리 이웃과 우리 자신의 "존엄성, 생명, 순결, 재산,

특히 명성"을 유지하기 위해 진리를 말할 때에 혀에 굴레를 씌워서 다스리는 것입니다.

[제544문] 무엇 때문에 하나님께서는 십계명 중에서 두 계명을, 곧 제3계명과 제9계명을 오직 혀를 위한 계명으로 정하셨습니까?

[답] 왜냐하면 혀는 죄악의 세상이며, 세상을 발끈 뒤집으며, 반드시 격하게 하며, 야생마와 커다란 배보다도 다루기가 더 어렵기(약 3:3-4) 때문이며, 그리고 사탄이 모든 십계명에 있는 하나님의 영광을 어둡게 하는 도구로 사용하는 악마의 칼이기 때문입니다.

[제545문] 어찌하여 모든 십계명에서 혀는 하나님의 영광을 모욕합니까?

[답] 혀를 가지고 사람들은 우상을 칭송하고 하나님을 모독하며, 안식일에 헛된 말을 하기 때문입니다. 혀는 우리의 윗사람을 저주하고, 폭력적인 죽음과 욕정을 자아내며, 우리의 탐욕과 그릇된 주장을 입 밖에 내며, 우리 이웃에 대하여 거짓말을 합니다. 따라서 혀는 음탕하고 불결한 마음(마 15:19)의 전령입니다.

[546문] 제9계명에서 명령되어 있는 특별한 미덕은 무엇입니까?

[답] 진리에 대한 사랑과, 진리를 말하되 거리낌 없이(단 3:16; 행 4:8, 10:13[66]), 지혜롭게(마 10:16), 모호한 말이나 거짓말을 함이 없이 단순하게(슥 8:16), 우리 이웃의 명성에 주의하면서 말하는 것입니다.

[제547문] 진리를 말하는 것과 관련하여 사람들은 어떻게 죄를 범합니까?

[답] 하나님의 영광 때문에 그들이 말하지 않으면 안 되는데도 침묵할 때와, 사람들에게 고통을 주기 위해(시 52:3[67]) '잘난 체하는 자랑'과 '아첨함'으로(욥 17:5) 진리를 말할 때입니다.

[제548문] 우리 이웃의 명성을 지키는 참된 기반은 무엇입니까?

[답] 사랑이란 옷을 입을 입는 것인데, 여기서 사랑이란 사악하다는 의심을 하지 않으며(고전 13:5), 모든 것을 좋은 의미로 해석하며(창 37:31-32[68]; 렘 40:14-16), 우리 이웃의 미덕을 칭찬하는(고후 9:2) 것입니다.

[549문] 우리 이웃의 악을 의심하고 그 이웃을 정죄하는 것은 불법입니까?

[답] 아닙니다. 우리에게 그렇게 할 타당한 근거가 있고 우리가 그 이웃에 대한 사랑을 버리지 않으면 그것은 적법합니다.

[550문] 말로써 진리와 우리 이웃의 명성을 손상시키는 방법은 무엇입니까?

[답] 1. 헐뜯고 날조하는 이야기를 함으로써(레 19:16; 잠 26:20; 롬 1:29-30; 마 26:60-61), 2. 악평을 의도적으로 들음으로써(출 23:1; 삼상 24:10[69]; 잠 25:23), [3.] 거짓말을 함으로써, [4.] 괴롭히는 말(딤전 5:13), 아첨하는 말(잠 27:14; 롬 16:18), 자랑하는 말(잠 27:12[70]), 위선적인 말(시 62:3-4), 비밀을 발설하는 말, 그리고 헛된 이야기를 함으로써 입니다.

[제551문] 거짓말에는 몇 가지 종류가 있습니까?

[답] 충실하지 못한 재판관, 거짓 증인, 그리고 거짓말 하는 목사와 법률가가 하는 공적인 거짓말도 있고, 법정과 상점에서 하는 아주 공공연한 거짓말도 있고,

운동경기를 하거나 담보 잡힐 때 하는 사적인 거짓말도 있습니다.

[제552문] 두 가지 의미를 지닌 말로 [모호하게] 진리를 말하거나 표명하는 것은 적법합니까?

[답] 사탄은 처음부터 항상 그리고 제수이트회 사람들과 그 학자들은 그렇게 행하거나 말할 때 거짓말쟁이들인데, 이는 그들의 목적은 갖은 수단으로 속이기 위한 것과 필요한 진리를 감추기 위한 것이기 때문입니다.

[제553문] 제10계명에서 금지되어 있는 것은 무엇입니까?

[답] 우리의 마음에서 저절로 일어나든, 아니면 또 다른 때에 우리 의지의 동의로 수반하여 일어나든 우리 이웃의 신체나 재산이나 명성을 손상하고자 하는 우리 마음의 모든 성향을 금지합니다.

[제554문] 그렇다면 율법의 첫째 돌 판에 대해 죄를 범하려는 우리 마음의 성향은 어떤 계명에 금지되어 있습니까?

[답] 첫째 돌 판의 모든 계명에, 특히 제1계명에 금지되어

있습니다.

[제555문] 제10계명에서 정죄되어 있는 욕망의 종류는 몇 가지입니까?

[답] 우리의 이웃을 해치려는 본성적인 욕망과 여기에 뒤따르는 모든 욕망입니다.

[제556문] 우리 안에 있는 어떤 죄들이 제10계명에서 정죄되어 있습니까?

[답] 1. 우리 이웃에게 선을 행하려는 거룩한 성향이 우리의 본성에 없는 것,

2. 악을 행하도록 부추기는 '정도에서 벗어난 악한 생각'(잠 15:26, 20:9; 슥 8:17; 사 15:9[71], 55:7, 행 8:22; 창 6:5),

3. 우리가 '갑작스러운 소원'과 '악한 꿈'과 같은 것들을 매우 기뻐함으로써 환영하여 받아들인 "정도에 벗어난 악한 생각"과 "우리로 하여금 우리 이웃에게 선을 행하라고 가르치는 성령을 거슬러 싸우는 것"입니다.

[제557문] 잠을 잘 때는 이성과 의지가 묶여 있어서 이를 우리 마음대로 할 수 없는데, 어떻게 꿈이 악할

수 있습니까?

[답] 악한 꿈이 죄로 여겨지는 것은 낮에 품은 헛된 마음이 악한 생각과 만나기 때문이며, 기도하고 경건한 묵상을 함으로써 악한 꿈 대신 거룩한 꿈을 꾸게 해줄 내용으로 우리 마음을 면밀히 길들이지 않았기 때문입니다.

[제558문] 그럼 사탄이 우리 마음에 악한 생각을 던질 때, 그 악한 생각은 우리의 죄입니까?

[답] 우리가 기쁘게 동의하면서 악한 생각을 환영하지 않는 한, 죄가 아닙니다. 왜냐하면 그리스도께서 유혹을 받은 것으로 보아, 사탄의 유혹을 받는 것이 죄는 아니기 때문입니다.

[제559문] 어떻게 우리는 사탄의 유혹과 우리 자신의 마음의 유혹을 구별할 수 있습니까?

[답] 우리 자신과 또는 그런 종류의 다른 것을 죽이는 것과 같이, 처음에 인간 본성이 꺼려하는 그런 유혹은 사탄에게서 온 유혹입니다. 이에 반해 우리 자신에게서 온 유혹은 인간 본성에 가까우며 기쁨이 없는 경우는

거의 없습니다.

[제560문] 가장 강하고 가장 무르익은 단계의 욕망은 무엇입니까?

[답] 욕망이 질투, 악한 욕망을 터뜨리고, 게다가 악한 일을 산출할 때입니다.

[제561문] 그런 욕망에서 생기는 특별한 죄는 무엇입니까?

[답] 육욕, 탐욕, 그리고 자만, 달리 말하면 명예욕인데, 이는 사람의 마음은 세상 사람들이 모시는 그 세 가지 신들을, 곧 쾌락, [금전적인] 이익, 그리고 명예를 숭배하기 때문입니다.

[제562문] 본성의 욕망에 대비하는 특별한 치료제는 무엇입니까?

[답] 매일 애통해하며 죄의 몸을 죽이며 우리 자신을 부인하는 것입니다.

[제563문] 본성의 욕망에서 생겨나는 모든 욕망에 대비하는 특별한 치료제는 무엇입니까?

[답] 우리는 회개함으로 우리의 정욕을 십자가에 못 박아야 할 뿐만 아니라 우리의 마음을 하나님의 사랑으로 채우기도 해야 하는데, 하나님 안에서 우리는 우리가 쾌락, [금전적] 이익, 그리고 명예에서 얻으려고 하는 것은 무엇이든지 얻을 수 있습니다.

미주

1 어떤 책이 정경인지에 관한 논쟁과 관련된 질문.

2 교황주의자들이 부인한 하나님 말씀의 완전성에 관한 논쟁과 관련된 질문.

3 누가 하나님의 말씀을 해석해야 하는지에 관한 논쟁과 관련된 질문.

4 하나님의 말씀의 명료성에 관한 논쟁과 관련된 질문.

5 '하나님의 말씀'과 '그 말씀을 인쇄한 책'의 권위에 관한 논쟁과 관련된 질문.

6 일반성도도 성경 말씀을 읽을 수 있는지 어떤지에 관한 논쟁과 관련된 질문.

7 역자주: 한글개역성경 요일 5:7에 해당하는 Geneva Bible의 내용은 "하늘에서 증언하는 셋이 있는데, 곧 성부 하나님과 말씀과 성령이시다. 이들 셋은 하나이다."이다.

8 우발적인 일들에 대한 하나님의 작정은 조건적이라고 말하는 아르미니우스주의자들(Arm. resp. ad Art. 7)과 벌인 논쟁과 관련된 질문.

9 행위들을 미리 보는지 어떤지, 믿음을 미리 보는지 어떤지, 달리 말하면 불신앙이 하나님으로 하여금 일부 사람들을 선택하게 하고 그 밖의 사람들은 거절하거나 지나가게 하는 원인이나 조건인지 어떤지에 대해서 아르미니우스주의자들과 제수이트 사람들과 벌인 논쟁과 관련된 질문.

10 역자주: 한글개역성경 "여호와께서 온갖 것을 그 쓰임에 적당하게 지으셨나니 악인도 악한 날에 적당하게 하셨느니라"에 해당하는 히브리어 원문을 직역하면 "여호와께서 자

신의 목적을 위하여 모든 것을 만드셨으며 사악한 사람조차도 악한 날을 위하여 만드셨다."이다.

11 이생 이후에 가는 연옥이든, 선조 림보든, 유아 림보든, 이생 이후에 영혼들을 위한 거처나 장소가 있는지 어떤지 교황주의자들과 벌인 논쟁과 관련된 질문.

12 역자주: 롬 2:14의 오기로 사료된다.

13 역자주: "빗나간 양심'이란 무엇이 옳은지에 대해 무지하기 때문에 속게 된 양심이다. 즉, 사실 자체에 대한 무지 때문에, 잘못된 원칙을 참된 것으로 이해하거나, 오류를 하나님의 뜻으로 생각하거나, 그 자체로 합당한 원칙이라도 잘못된 행동으로 잘못 적용함으로써 속게 된 양심이다. 이처럼 잘못된 정보를 가진 양심은 하나님의 권위를 가장하여 사람의 유전과 거짓 교리를 하나님의 뜻으로 취하게 된다."

14 우연에 대해서는 잠 16:33, 출 21:13, 왕상 22:34을 참조하라.

15 하나님께서 앞선 동작에 의해서, 특히 자유 의지에 의해서 모든 이차적인 원인을 결정하시고 적용하시는지 그렇지 않은지, 또는 하나님께서 오직 공동의 영향력만을 갖고서 이차적 원인이 작용하면 그 이차적 원인을 실행에 옮기는지 어떤지에 대해 아르미니우스주의자들과 벌인 논쟁과 관련된 질문(욥 12:16-17; 삼하 17:14; 창 39:21; 사 54:16을 참조하라).

16 죄에 대한 하나님의 작정과 관련하여 아르미니우스주의자들과 벌린 논쟁과 관련된 질문.

17 하나님은 전적인 허용에 의해서만 사람들의 마음을 강퍅하게 하는지 어떤지에 아르미니우스주의자들, 교황주의

자들, 자칭 루터주의자들과 벌인 논쟁과 관련된 질문.

18 역자주: '24'는 '14'의 오기로 사료된다.

19 역자주: 말 2:17로 바꾸는 것이 좋은 줄로 사료된다.

20 의지가 동의하기 전에 이미 현세욕이 죄인지의 여부에 대해서 교황주의자들과 아르미니우스주의자들과 벌인 논쟁과 관련된 질문.

21 역자주: '6'은 '5'의 오기로 사료된다.

22 역자주: '18'은 '18-19'로 바꾸는 것이 더 좋을 듯하다.

23 역자주: '13'보다는 '14'이 더 적당한 줄로 사료된다.

24 역자주: '29'의 오기로 사료된다.

25 역자주: '요일'의 오기로 사료된다.

26 인간은 본성적으로 교우관계(혹은 언약)에 따른 사랑 때문에 아니라 현세욕에 따른 사랑 때문에 하나님을 선택(혹은 사랑)한다.

27 하나님께서 모든 사람에게 보편적인 은혜를 주셨으며, 이 은혜로 모든 사람은 원하기만 하면 구원받을 수 있는지 어떤지 아르미니우스주의자들과 벌인 논쟁과 관련된 질문.

28 하나님께서 자신의 복음을 전하거나 전하지 않거나 하시는 것은 하나님께서 자신이 절대 자유로운 의지로 인해서인지, 혹은 본성의 은사들을 가치 있고 유용하게 사용하거나 잘못 사용한 것과 관련되어 있는지 아르미니우스주의자들과 벌인 논쟁과 관련된 질문.

29 오직 믿음만 새 언약의 조건인지, 그렇지 않으면 선행과 결합된 믿음이 그러한지에 대하여 아르미니우스주의자들과 교황주의자들과 벌인 논쟁과 관련됨 질문.

30 은혜 언약이 모든 인류와 맺어진 것인지 아니면 오직 택

자들과만 맺은 것인지에 대해서 아르미니우스주의자들과 벌인 논쟁과 관련된 질문.

31 역자주: '우리 구원에 대한 책임'으로 번역할 수도 있다.

32 역자주: 제110문답이 은혜 언약의 첫째 특별한 장점에 대한 문답으로 사료된다.

33 영적인 약속들이 유대인들에게도 주어졌는지 그리고 우리에게 보증된 것과 마찬가지로 그들의 성례에서 그들에게도 보증되었는지 어떤지에 대해서 교황주의자들과 벌인 논쟁과 관련된 질문.

34 욥 33:23. 역자주:김영규 교수에 따르면, 욥 33:18-30에서는 죄인으로서 인간의 상태, 그 죄인들에게 있는 고난의 삶, 속전에 의한 구속, 천사와 같은 어떤 한 중보자에 의한 구속, 부활의 몸, 영광의 상태, 천국에로의 구원과 생활 등이 마치 예언처럼 선포되고 있다. 즉, 이러한 복음에 대한 예언의 말씀이 엘리후의 입을 통해 계시되어 선포되고 있다. 23절을 문자적으로 번역하면 "만일 사람에게 그의 정직함을 선언하기 위해서 일천 천사 중 중재하는 천사 하나가 그의 편에 있다면"(김영규 역)이다. 이 구절에서 천사와 같은 어떤 한 중보자는 죄인들에게 "왜 하나님께서 그들을 고난의 삶으로 괴롭히는지"를 선포하기 위해 보냄을 받은 것으로 소개되고 있다. 아마도 이런 이유로 편집자는 이 구절을 그리스도에게 적용하여 그 문답에 대한 증거 구절로 제시한 것으로 보인다.

35 역자주: 32절보다 34절이 더 적합한 줄로 사료된다.

36 역자주: '18'은 '8'의 오기로 사료된다.

37 역자주: '11'은 '1'의 오기로 사료된다.

38 역자주: 히 3:13, 10:24도 함께 참조하라.

39 역자주: '갈'은 '골'의 오기로 사료된다.

40 역자주: '2'는 '3'의 오기로 사료된다.

41 역자주: '3'은 '2'의 오기로 사료된다.

42 역자주: "히 7:20-22절은 그리스도의 제사장직이 레위 제
사장직보다 탁월하다는 것을 증명하기 위한 세 번째 논증
이다. 이 논증은 제사장직에 임명되는 방식에서 드러난 차
이점에서 끌어낸 논증이다. 그리스도가 제사장에 임명되
는 방식은 레위지파 사람들이 제사장에 임명되는 방식보
다 더욱더 엄숙했다. 즉, 레위계통의 제사장들은 하나님의
맹세 없이 [하나님의 지명, 혈통에 의한 상속, 그리고 외적
인 의식에 의한 성별을 통해] 제사장이 되었다면, 그리스
도께서는 ['너는 멜기세덱의 반차를 좇아 영원한 제사장이
라', 즉 '그리스도가 반드시 하나님의 유일하고 영원한 제
사장이 되리라'(시 110:4)는 하나님의] 맹세에 의거해 제사
장이 되었다."(William Gouge) 한편, 하나님의 맹세는 다
음 다섯 가지 사실을 말해준다. 첫째 사실은 맹세함으로
약속한 일의 절대 확실성이다. 즉, 하나님께서 맹세로 약
속하신 것은 반드시 일어난다는 확실성, 절대적으로 신뢰
할 수 있다는 확실성을 말해준다(민 23:19, 삼상 15:29, 히
6:18)(The Westminster Annotations, 1657). 둘째 사실은
그 약속한 일의 중대성이다. "대단히 중대한 중요하고 무
게 있는 일은 맹세로써 제정되곤 한다. 따라서 하나님께
서 맹세함으로써 제정하신 그리스도의 영원한 제사장직
은 대단히 중요하고 중대한 일이라는 것이 분명하다."(The
Westminster Annotations, 1657) 셋째 사실은 그리스도에

게 주어진 영광의 뛰어남이다. 하나님의 맹세 때문에 다른 어떤 제사장들보다 더 많은 영광이 그리스도에게 주어졌다(John Calvin). 넷째 사실은 새 언약의 탁월성이다. 하나님께서 그리스도를 통해 우리와 맺은 은혜 언약은 모세가 언약의 해석자로 있던 행위 언약보다 훨씬 더 탁월하다(John Calvin). 다섯째 사실은 불변성이다. 하나님께서는 맹세라는 엄숙하고 명백한 형식을 취하심으로써 우리에게 '자신의 불변하는 작정'을 더욱더 생생하게 이해시켜 주셨다(John Diodati).

43 역자주: 이러한 표현은 하나님께서 고유하게 육신과 피를 가졌다는 말이 아니다. 이와 관련하여 웨스트민스터 신앙고백은 "그리스도께서는, 중보 사역을 행할 때 자신의 두 본성에 따라서 행하시되, 각각의 본성으로써 그 본성 자체에 고유한 것을 행하신다(히 9:14, 벧전 3:18). 그렇지만 그 위격의 단일성 때문에, 한 본성의 고유한 일이 때때로 성경에서 다른 본성에 따라 불리는 [동일한] 분에게 속하게 된다(행 20:28, 요 3:13, 요일 3:16)."고(제8장 7항) 고백한다.

44 아르미니우스주의자들은 반대 이유로 이것을 내세운다.

45 "그리스도를 고백하는 모든 사람은 교회에 속한다."고 단언하는 교황주의자들과 벌인 논쟁과 관련된 문답.

46 참된 교회는 이 생에서 항상 눈에 보이는지 그렇지 않은지에 대해서 교황주의자들과 벌인 논쟁과 관련된 질문.

47 교회의 '죄를 용서할 권세'가 사법적인지 단지 선언적인지, 그리고 교황의 면죄부가 합법적인지 그렇지 않은지에 관하여 교황주의자들과 벌인 논쟁과 관련된 질문.

48 무언가의 원인이나 성향이 우리의 회심 이전에 우리의 자

유 의지 속에 있는지 어떤지 아르미니우스주의자들과 교황주의자들과 벌인 논쟁과 관련된 문답.

49 자유의지가 우리의 회심 사역에서 하나님과 공역하고 협력하는지 어떤지 아르미니우스주의자들과 교황주의자들과 벌인 논쟁과 관련된 질문.

50 이것은 교황주의자들의 보속(補贖)과 비밀고백 교리로 인한 질문.

51 믿음을 그저 하나님의 말씀에 대한 단순한 동의에 불과한 것으로 만드는 교황주의자들에 반대하여 던진 질문.

52 역자주: 또는 "맹목적이고 대담한 확신이지"라고 번역할 수도 있다.

53 역자주: 요 15:16으로 수정해야 옳은 줄로 사료된다.

54 역자주: 시 50:15로 수정해야 옳은 줄로 사료된다.

55 시 50:15로 수정해야 옳은 줄로 사료됨.

56 우리가 우리의 노력과 능력으로 얻은 것도, 우리가 물려받은 것도

57 참으로 중생한 사람도 배교자가 될 수 있는지 어떤지 아르미니우스주의자들과 교황주의자들과 논쟁과 관련된 질문.

58 역자주: "우리가 깨어 기도할 때 우리는 극악한 죄에 빠질 리가 없습니까?"라는 의미의 질문인 줄로 사료된다.

59 역자주: birdlime은 호랑가시나무 껍질로 만들어진 끈적끈적한 물질이다. 작은 새를 잡기 위해 나무의 잔가지에 칠해 놓으면, 나무에 앉은 새는 그 날개가 잔가지에 들러붙게 되어 꼼짝 못하게 된다.

60 여기서 '그들'은 '교황주의자들'을 가리킴.

61 교황주의자들의 '여덕(餘德)의 업적' 교리에 반대하여 문

는 질문임.

62   신 6:6의 오기로 사료됨(역자주).

63   역자주: 고전 16:2의 오기로 사료된다.

64   역자주: 욥 31:30의 오기로 사료된다.

65   역자주: 레 20:24의 오기로 사료된다.

66   역자주: 행 4:13 혹은 행 26:26의 오기로 사료된다.

67   역자주: 3절보다는 4절이 더 적절한 것으로 사료된다.

68   역자주: 창 45:5-8을 함께 살펴보라.

69   역자주: GB에서 10절은 한글개역성경에서 9절에 해당된다.

70   역자주: 1-2절에 대한 오기로 사료된다.

71   아마도 사 45:9이거나 55:9일 것이다.